PERFORMANCE-BASED FEE
SALES MANAGEMENT

成果報酬型セールスマネジメント

短期的かつ確実に利益向上を実現する経営手法

プロレド・パートナーズ 著

発行：ダイヤモンド・ビジネス企画
発売：ダイヤモンド社

はじめに

　日々の業務で自社製品の条件交渉をすることが多い企業に対して、私はこれまで、プライシングに関するワークショップを多数実施してきました。

　ワークショップは社長から現場担当者まで、場合によっては20名以上が参加することもあります。その際、軸となるテーマは次のようなものです。

　「貴社の製品が、新規顧客となるA社に見積もりを提示したところ、条件交渉を受けました。A社からは、XXXという要望を受けています。あなたに契約条件の決定権があるとして、どのように見積金額を再提示しますか？」

　この質問をワークショップの冒頭で投げ掛けたとき、参加者の回答はどのようになるでしょうか。

1. 全員、同じ見積金額になる
2. 見積金額がいくつかに分かれる
3. 見積金額はバラバラになるが、付帯条件等は同じになる
4. 見積金額も付帯条件等もバラバラになる

　皆さん、答えは何番だと思いますか。

　正解は「4. 見積金額も付帯条件等もバラバラになる」です。

　見積金額はまず間違いなく全員バラバラになります。しかしそれだけでなく、付帯条件やオプション、顧客に提示する際の見せ方まで、人によって違いが出るのです。メーカー以外の商社や小売り、金融機関であれば融資時の金利など、どの業界のどの商材においても同様のことが起こります。このことから、何が言えるでしょうか。

　そう、ほとんどの企業では、契約条件やプライシングのルールを明確にできていません。試しに値引きの権限を持つ同僚と「こういう状況であれば、いく

らにする？条件はどうする？」と話し合ってみてください。同じ金額・条件は出てこないはずです。

　ビジネスを成功させるためには、ビジネスアイデアやリーダーシップを持った責任者の存在、品質の高い商品・サービス、明確な目標、人を動かす企業理念、オペレーションの効率化……等々、様々な要素が必要です。しかし、ある程度成熟した企業においてもっとも大事な要素の一つは、ベストな結果とそうでない結果の差異を埋めること、つまり業務に再現性（精度）を持たせることです。

　この考え方は、製造や購買や人事などの部門に関係なく、またセールス部門であれば、オペレーションやプライシングやマネジメントといった業務の種類に関係なく、これらすべてに絡んできます。

　中でも適正なマネジメントによってセールスの属人化を解消することは、大きな意味を持ちます。自社のビジネスの成長に寄与するだけでなく、素晴らしい価値を提供している商品やサービスが適正に評価されて対価を得ることができる、健全な市場の構築にまで繋がるからです。

　これからの時代、セールスの適正なマネジメントを愚直に追求し仕組み化していくことは、ビジネスの成長において不可欠になるでしょう。

　この本を執筆している2020年秋は、コロナ禍からwithコロナにシフトする段階にあり、世界中がこれまで経験したことのない経済やライフスタイルの変化に直面しています。

　産業別に見ると、ダメージのあった産業とそうでない産業がはっきり分かれたようにも思えます。しかし、人々の消費行動が変化する以上、その影響をまったく受けないビジネスはありません。コロナ禍による大きな変化はもちろんのこと、消費行動の変化に伴う漸次的な変化に適応できない企業は、これからの時代を生き残れないでしょう。

　いうまでもなく、変化し続けることの重要性についてはすでに多くが語られ

ています。「もっとも強い者が生き残るのではなく、もっとも賢い者が生き延びるのでもない。唯一生き残ることができるのは、変化できる者である」…これはあまりに有名なダーウィンの言葉ですが、歴史に名を残すであろうAppleやGoogleといった企業の素晴らしさもまた、その素晴らしさから脱却し続けようとする姿勢にあるといえるでしょう。

しかし今考えるべきは、これほどの変化を求められる時代において、数年先の変化を予見した戦略ストーリーを安易に描けない状況にある、ということです。

このような中で企業を着実に強くする唯一の方法は、足元のベストな結果を追求していくことでしょう。そのためには、属人化している業務を構造化し、それをチームに取り入れられるように仕組み化し、最終的には会社全体でシステム化することが王道です。

冒頭で紹介した条件交渉の例のように、企業にはまだまだ属人化した状態の業務が数多く存在します。こうした状況を是正し、企業の成長と市場の健全化に貢献したいという思いから、本書ではセールスマネジメント（売上向上）の構造化と、仕組み化のための方法について概説しました。

成果を出して初めて報酬をいただくプロレド・パートナーズのビジネスモデルでは、クライアントへの価値提供という観点ではもちろんのこと、我われ自身の事業を継続するために、最短かつ確実に成果を出し続ける必要があります。

本書で紹介する方法論は、全て私たちが成果報酬型の経営コンサルティングを通じて得たノウハウです。なかには世の中の環境に応じて見直すべき内容もありますが、今後も変わらず役立つであろう考え方をお伝えするために「変わらないもの」を意識して執筆しました。

もちろん、本書に記したノウハウと考えがすべての企業にそのままあてはまるわけではありません。環境や業界、企業によってカスタマイズする必要はありますが、本書に記した手段や構造化のノウハウを押さえてトライ＆エラーを繰り返すことができれば、企業は永続的に成長し続けられるということをお約束します。

そのノウハウを培ってきたコンサルティングの現場では、我われの成果報酬型コンサルティングも百発百中ではありません。過去には数千万円単位の損害を受けたプロジェクトもありました（完全成果報酬のため、プロレド・パートナーズのみが損害を被りました）が、そうしたトライ＆エラーを繰り返しながら、「変わらないもの」への確信を深めています。

　２人で設立した当初は赤字で苦しんでいた成果報酬型のコンサルティング事業が世の中に受け入れられる時代を迎え、おかげさまでプロレドは東証一部に上場するまでになりました。本書のノウハウは、クライアントをはじめ、我々に関わってくださった企業の存在あってのものですので、この際、世の中に還元すべく、書籍化して共有することにいたしました。

　本書が多くの企業、特に人的リソースやコンサルティング経費を予算として持たない中小企業・中堅企業のお役に立てば幸いです。

2020年12月　佐谷 進

本書における言葉の定義

用　語	定　義
セールスマネジメント	企業が売上を上げるための戦略およびその実行
戦略	企業における成長・拡大の道筋・方針
施策	戦略に対する戦術。戦略に基づく実行すべき取組（アクション）
結果	ある取組・活動を行うことで生まれた事象。企業の成長・拡大に直結しない副産物
成果	ある取組・活動を通じて得られる売上/利益。企業の成長・拡大に直結する主産物
ビジネスDD	短期で改善可能なギャップを可視化すること
プライシング	製品やサービスの価格を設定すること
価格	商品・サービスの供給主体が顧客に提供する際の価格
ギャップ	現状に対し、目標値（目指すべき姿）でなく埋められる値(現実的に目指せる姿)との差
インタビュー	ある仮説を検証するために行う一次情報の収集活動
ヒアリング	現状把握・仮説導出のために行う一次情報の収集活動
パフォーマンス	ある事象・活動を通じて発生する成果創出の多寡
コミットメント	ある活動・取組に対する個人の関与量・貢献率
営業ツール	提案書・トークスクリプト等、営業活動を成立させるために最低限整備すべきもの
ポテンシャル	成果に直結し、かつ未享受な潜在的可能性
リソース	売上を上げるために必要な経営資源
平準化	担当者の経験値・スキルに依存することなく成果を創出できる仕組みを構築にすること
ブランディング	商品・サービスのイメージ（機能・価格・期待効用、等）を市場に浸透させること
アップセル	より高価格の商材を購入してもらうことで単価を向上させる活動
クロスセル	関連商品を併せて購入してもらうことで単価・購入点数を向上させる活動
マーケットトレンド	外部環境に依存する、市場のルール・均衡に影響を及ぼす変化
法人営業戦略	全体戦略に基づく、法人営業活動において売上を上げるためにとるべき営業戦略
ターゲティング	リソースの投下先を特定する手法。注力すべき市場・顧客を特定し、施策実行の優先順位を決める活動
ターゲット市場	売上拡大が見込まれる、ポテンシャルの高い領域
対象顧客	ターゲット市場の中でも特に自社の商品・サービスを購入してくれる可能性が高い顧客
生態系	象顧客に自社の製品を提供する商流上のステークホルダーだけでなく、セールスパートナーとなりうる業種や、直接的な提案には繋がらないものの意思決定者を紹介してもらえる可能性がある業種など、取り巻く全てのステークホルダーを表すもの
法人営業マネジメント	目標を営業個人まで落とし込み、実行できる体制を構築すること
モチベーション	個人がある活動に対して関与・貢献を高めるための動機付け
プロモーション	商品・サービスの認知拡大を通じて売上を上げることを目的とした販促活動
チーム	構成員全員が成果創出のためにリーダーシップを発揮する組織
ノウハウ	体系化され、かつ再現性のある経験則・成功手法
トライアル	期仮説の検証を行うための、検証目的・検証期間・検証手法が明確化された活動
KPI	重要評価指標。成果創出に向けて各途中段階で達成すべき定量的目標指標

目　次

第1章　セールスマネジメントとは何か

第2章　ビジネスデューディリジェンス

第3章　プライシング

第4章 法人営業戦略

セールス
マネジメントとは
何か

1 BtoBビジネスにおけるセールスを取り巻く環境

日本の企業は、「良質のものを、安価で提供する」ことを成長戦略としてきた。しかし、今やこの戦略は通用しない時代を迎えている。ここでは、新たな生き残り戦略を提起したい。

価格以上の価値提供が求められている市場

「売上を増やすには、どうすればいいか」。

これまで多くの企業が、このテーマに対して真摯に取り組んできた。サービスやプロダクトの開発に注力するだけでなく、営業担当者個人の営業力を高めたり、営業担当者を増やして組織力を高めたり、販促・広告施策を最適化させたりする努力は、今や当たり前になっている。

しかし、こうした努力は必ずしも売上の向上に直結するわけではなく、残念ながら、法人営業やアフターサービスにかけた工数や原価率の高い商品に比例して、売上が増加するわけではない。そして、品質の高ささえ競争に勝つことを保証してくれない現状がある。

その背景の一つに、質の良いものを安価に提供することで成長し続けてきた日本企業特有の成長戦略がある。長年の間それが正しい戦略であると信じ、企業はコスト削減等の努力によって価格以上のものを提供してきた。ニトリのCMではないが、多くの企業が「お値段以上」のものを提供することで信頼を築き上げ、その信頼が売上を支えてきたのは事実だ。

その結果、今でも多くの企業がこの基本戦略を踏まえて高い品質の商品を作り続けようと、より効率的なオペレーションやコスト削減の実現をめざしている。しかし、経営を取り巻く環境はどんどん変化している。いうまでもなく、企業側も戦略を変化させていかなければ、生き残ることはできない。

BtoC（個人向け）では企業側の変化が比較的早い。例えばアパレルやサプリメント、自転車などの業界では、大量生産からオーダーメイドまでを幅広くカバーするマスカスタマイゼーションの概念〈図表1-1〉が広がっている。実際、ある紳士服メーカーではマスカスタマイゼーションを取り入れることに

【図表1-1】マスカスタマイゼーションとは

・マスプロダクション（大量生産）とカスタマイゼーション（個別設計・生産）の融合をマスカスタマイゼーションと呼ぶ。低コスト・短納期という高い生産性と、顧客の個別ニーズへの対応という二兎を追い、その両者を得ようという取り組み

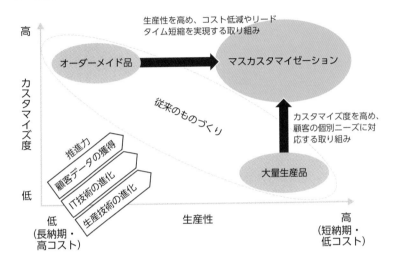

よって、縮小し続ける紳士服市場でオーダーメイド商品の売上を伸ばしている。

　もちろんオペレーションは複雑になり、柔軟な生産体制の構築や受注対応能力の強化、変種変量生産に対応する製造装置への投資、負担が増すサプライチェーンへの対策など、ビジネス全体の抜本的な見直しが必要になる。しかし、時代の変化に合わせたこのような見直しは不可避であり、それはBtoB（法人向け）ビジネスにとっても例外ではない。

　こうした企業経営の複雑化は、経営学を巡る論文数や経営概念の数からもうかがえる。例えば経営学における論文数は、この20年間で約3倍にも増加した〈図表1-2〉。以前なら経営を学ぶ際に身に付けておくべき知識としては、大まかな経営戦略やマーケティングだけの知識で対応できていたであろう。

　ところが今は、IoTやAI化が進む中で企業経営を考えなければならない。そのためITの知識やネットワーク環境、さらにセキュリティに関する知識なども必要とされるのである。そして、次から次へと新しい組織論が登場し、ESG

（環境・社会・ガバナンス）やダイバーシティが「努力目標」から「どの企業も満たすべき基準」に変わり、多くの知識が必要な時代に変わった。

　少し極端な例ではあるが、これまで本を一冊売ろうとした場合、商店街の店先に本を並べていれば売れる可能性があった。しかし、現状で本を売るとなると、店頭に並べておくだけでは消費者が手に取ってくれる機会はほぼ無いに等しい。多くの消費者がAmazonや他のECサイト、または電子書籍市場などを

【図表1-2】必要な経営知識の増加（経営学の論文数の推移）

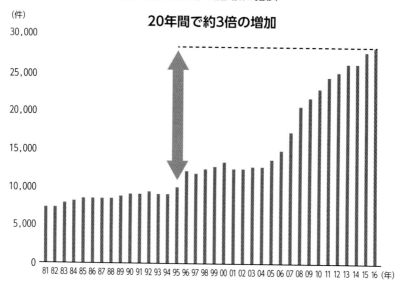

【図表1-3】20年間での「本を売る」ことの変化

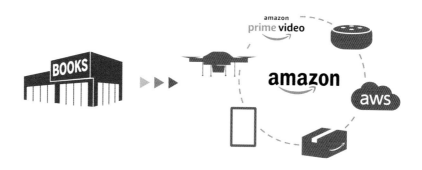

利用して購入するスタイルへと変化したからである〈図表1-3〉。

つまり、そうした購買スタイルへの対策が必要なのだ。本を売るということだけを考えても事業に関わる業務全般が複雑化しているだけでなく、多額の投資も必要になってきていることがご理解いただけるだろう。

日本の生産性が低い理由

顧客ニーズや消費行動の多様化、それにともなった業務の複雑化により、日本企業は生産性が伸びていないと評価されるようになった。

実際、欧米と比較して日本の生産性（就業1時間当たり付加価値（売上－コスト））はもっとも低い状況にあることが〈図表1-4〉のグラフからわかる。ちなみに、アメリカを100％とした場合、65％（約2/3）の生産性にとどまっている。

では、なぜ日本企業は生産性が低いのだろうか。これには冒頭で触れた日本企業の特性が深く関わっている。生産性の定義となる付加価値（国レベルではGDPに相当）は「売上－コスト＝利益」で表わされるが、「お値段以上」のものを提供することを是としてきた日本企業はいわば薄利を戦略に織り込んでき

【図表1-4】労働生産性の主要国比較

・日本は他の先進国に比べ生産性（就業1時間当たり付加価値）が低い
・アメリカの水準で65％にとどまる

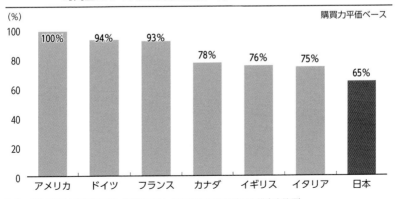

時間当たりの実質労働生産性の対アメリカ比水準（2017年）

出典：「第27回未来投資会議（基礎資料）」（内閣官房日本経済再生総合事務局）

た。つまり、生産性の低さは自ら招いた低価格戦略の結果といっても過言ではない。その構造を、より具体的に見てみよう。

「売上－コスト＝利益」の方程式を解くと、利益が相対的に低い原因は、①売上が他国の企業の水準よりも低いことにある、②コストが高過ぎることにある、③その両方、のいずれかだ。

各国企業のPL（損益計算書）を比較した〈図表1-5〉は、業種や規模感の偏りを整理して算出したものであるが、日本企業の売上原価率がとても高い水準にあることが読み取れる。アメリカだけでなくヨーロッパとの比較においても同様だ。

一方、日本企業の販売管理費率は低く、会計基準等の相違があって単純比較はできないにしても、高いと指摘できる状況にないことは明らかである。つまり、コストに関しては他国と比較してもうまく抑えられており、付加価値＝生産性が低い要因は、原価率に対する売上水準の低さにあると推測できる。これは、企業がとるべきアクションに言い換えると「適切なプライシングができていない」という状況だ。

【図表1-5】日欧米のPLデータの中央値

	日本企業	アメリカ企業	ヨーロッパ企業
対象企業数	831	60	462
売上原価率	76.7%	54.1%	60.0%
販売管理費率	17.8%	31.6%	31.5%
営業利益率	5.5%	14.3%	8.5%

出典：SPEEDAより引用
・2016年-2018年を対象期間として集計
・上場かつ対象期間の平均売上が1000億円以上
・上記データが3年分すべてそろっている企業

日本企業のプライシング（値付け）は適正なのか

では、日本企業におけるプライシングがどれくらいうまくいっていない状況であるのかを、データで確認して見よう。

プライシングに関連する指標の一つに、マークアップ率がある。これは利益を原価率で割った数値のことで、付加利益率とも呼ばれ、通常の利益率が売価をベースに算出されるのに対し、付加利益率は原価に対する利益の割合を表わす。

その算式は、次の通りである。

マークアップ率＝利益額÷原価額×100（％）

例えば100万円の粗利が出ている時、その原価額が150万円であればマークアップ率は100÷150＝66.6％。原価額が200万円ならマークアップ率は50％、原価額が50万円なら200％となる。つまり、マークアップ率が高いほど利益が出る（利益率が高くなる）ことになるわけだ。

欧米と日本の企業平均のマークアップ率を、10年単位で比較したものが〈図表1-6〉である。

このグラフを〈図表1-5〉と見比べると、マークアップ率は生産性と同じく

【図表1-6】企業の値上げ動向

・日本はアメリカ、ヨーロッパに比べ値上げをしていない。2010年以降はより顕著
・製造コストの何倍の価格で販売できているかを見るもので、この値が1のとき販売価格はちょうど費用をまかなう分だけを捻出している。

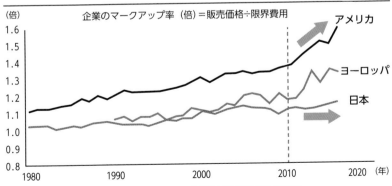

先進国企業のマークアップ率の推移（上場企業）

出典：「第27回未来投資会議（基礎資料）」（内閣官房日本経済再生総合事務局）

アメリカ・ヨーロッパ・日本の順で推移し続けていることがわかる。注目すべきは、2010年以降、日本と欧米のマークアップ率の差が急激に広がり始めていることだ。これは、日本の生産性の低さが指摘され始めた時期と重なる。

　グラフの最終時点を見ると、日本とアメリカのマークアップ率の差は約0.44倍である。原価額に違いがないと仮定した場合、値上げしてこなかったことによる価格差は1.4倍程度に広がっており、これは〈図表1-5〉から算出

【図表1-7】プライシングにおけるこれまでの日本企業の考え方

・日本企業の多くは原価率をベースに販売価格を決める
・日本企業の多くは原価低減により成長をめざす（これまでできていた）
・上記により販売価格に意識が行かない

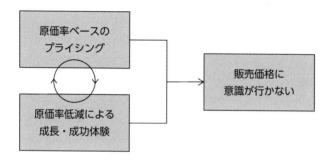

【図表1-8】2006年を1とした各国の研究開発費総額の指数

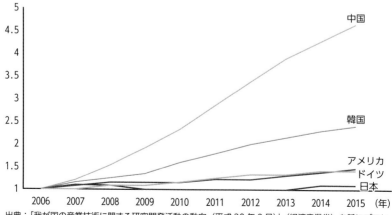

出典：「我が国の産業技術に関する研究開発活動の動向（平成30年2月）」（経済産業省）を基にプロレドが作成

できる日本とアメリカの生産性の差に近い数字だ。

　これまで日本企業は、コストを抑えて良い商品を安価に提供することで成長してきた。しかし、市場のグローバル化やアジア諸国の台頭により、その戦略も通用しなくなってきている。このグラフにアジア諸国企業の情報が加わったら、危機感はより明確になるだろう。

　もう一つの弊害として、ブランディングやマーケティング、法人営業、開発などの部門との連携が重視されてこなかったことが挙げられる。縦割り組織の傾向が強い日本では、部門間の連携不足をコストの低さで補ってきたが、時代の変化に伴い、その構図も限界を迎えている。

現場ではどのようなことが起きているのか

　日本企業が今までの戦略で通用しない中、急成長してきた韓国企業や中国企業は、次の展開を見据えて膨大な研究開発費を投下し、品質でもアジア商業圏で、あるいは世界でも認知されるようになろうとしている〈図表1-8〉。実際に韓国製品や中国製品の中で、ハイテク分野においてデザイン性や機能性の高いものが供給されており、今後は高価格帯の商品やサービスを供給できるブランドまで兼ね備える企業が出現するのは容易に想像できる。

　こうしたなか、日本企業は既存の方法論を捨て去り、これまでにないアプローチやスマートな戦略で売上の向上をめざしていく必要がある。とは言え、いきなり多額の研究開発費を投資したり、ブランドを生み出したりすることはできないので、そのようなアプローチには組織風土やマネジメントスキルの育成などに長い時間が必要になるだろう。

2 日本企業がとるべき対策とは

前節ではBtoB（法人向け）ビジネスにおける日本企業のプライシング（値付け）の立ち遅れを指摘した。ここでは、適正な売上拡大を図るためのフレームワークについて解説する。

　ここからはアジア商業圏で、あるいは世界を相手に日本企業が生き残るためのとるべき対策を探っていきたい。

　その前に現実的な時間軸を意識するために、現場の状況がどのようになっているかを確認してみよう。

　〈図表1-9〉は、BtoB企業で働くビジネスパーソンへの質問とその回答をまとめたものである。

　「自社の商品やサービスが市場に受け入れられるために必要なことは何か」という質問に対し、もっとも多い回答が「ブランド力」、次に「認知・PR力」「価格優位性」「商品力」と続く〈図表1-9〉。商品力は品質と技術力に項目が分かれているが、合計すると30％になり、実質もっとも多い回答だ。

　これらを施策に必要な時間軸で整理すると、「認知・PR力」と「販路」は比較的短期間で見直しができるのに対し、「ブランド力」「商品力」は中長期的な施策が必要となる。価格優位性に関しては、プライシングや間接材・直接材のコストマネジメントのように短期的に見直せるものもあれば、サプライチェーンの見直しやDX（デジタルトランスフォーメーション）化など、長期的な対応が必要なものもある。

　ひと言で「必要なこと」といっても、長期と短期の時間軸で整理できることがわかる〈図表1-10〉。例えば、コストマネジメントにおいては、短期的な視点では販管費や原価の削減や日々の業務改善（かんばん方式など）を実施し、長期的な視点では、SCM（サプライチェーンマネジメント）やシステム導入などを進め、コスト競争力の強い企業体を維持してきた。

　しかしながらセールスマネジメントにおいては、どちらかと言えば新商品の開発やブランディング、品質向上などの長期的な施策を重視し、プライシングやターゲティングの見直し、営業マネジメント等、言うなれば日々の積み重ねである短期的な施策を抜きにして中長期的な施策だけを展開してきたため、そ

の効果は限定的なものとなっている。

　セールスマネジメントにおいて、これからの日本企業が着手すべきことは、現場の意見や状況を踏まえて短期の時間軸に分類される施策を地道に進め、まず、その中で成功体験を積み、現在の実力に見合った収益確保を行うことである。その上で現場の知見や分析を踏まえて長期的な戦略を立案し、短期的施策と連携しながら実行していくことが、現実的かつ効果的な進め方だ。二つの時間軸に沿った施策を両輪として回していくことが、最終的に大きな収益をもたらすだろう。

セールスマネジメントの定義（セールスマネジメントとは何か）

　日本企業において感じられるのは「良いモノを提供すればおのずと売れる」という姿勢である。もちろん商品やサービスの質の高さは前提であるが、競合他社が増える状況では認知度を上げること、営業力を強化すること、価格を変更することも必要になる。セールスマネジメントという概念を、企業全体に浸透させる必要があるだろう。

　では、改めてセールスマネジメントとはどういったことをするのか、定義を確認しておきたい。

　セールスマネジメントとは、「企業が短中期的に売上を上げるための全体戦略、及びその実行」と定義できる。もっと簡潔に言えば「売上を上げるための活動」だ。この定義は〈図表1-9〉の通り、ブランディングを踏まえた広告展開、新規事業と連携した営業戦略など様々な業務があり、これらがうまく影響

**【図表1-9】自社の商品やサービスが市場に受け入れられるために
必要なことは何だと思いますか？**

	回答数	％
ブランド力	197	19.7
認知・PR力	173	17.3
価格優位性	171	17.1
商品力（品質）	164	16.4
商品力（技術力）	136	13.6
販路	80	8.0
わからない	72	7.2
その他	7	0.7

し合って初めて売上に結び付く。

　この「うまく影響し合って」という状況を作るのが、マネジメントだ。個々の活動がうまくいっていても、マネジメントがうまく機能しなければ売上は上がらない。例えば、どれだけクオリティの高い商品を作っても、ブランドとしての認知度が低く、いつまでたっても低価格でしか販売できない状況が続けば、その企業はやがて窮地に追い込まれることにもなりかねない。そして、それはよくある光景でもある。また、品質はそこそこで価格も安いのに、営業力の不足が原因で売上が低迷している企業もたくさんある。

　一方、品質はそこまで高くないのに、ブランドとして認知度があり、マーケティングがうまい企業がある。そうした企業は法人営業部隊も強く、競合他社と同程度の商品やサービスであっても、高い価格で販売できているケースが少なくない。こうした企業はブランド力が高いと言える。消費者にとっては多少高くてもこの企業の商品やサービスを選ぼうと考えるのである。

　こうした企業においては、見込み客の獲得、営業部門の活動、それらのマーケティング機能がうまく融合・整合している。加えて、企業全体においては、部署をまたいでセールスマーケティングの意義や各機能を充実させることの重要性を理解している。まずは企業全体が、各機能自体の時間軸や価値の見極め・方向性・商品やサービスとの連動等の重要性を理解することが必要なのである。

品質やブランドに応じて、適正な売上を上げるには

　B to Bビジネスの売上拡大戦略で起きている様々な課題は、その事象だけを捉えるのではなく、根本的な課題解決を図るために体系的に取り組みを整理して進める必要がある。

BtoBビジネスにおける売上拡大のフレームワーク

・取り組みの基本は二つの時間軸と、三つのフェーズで考える

　売上を拡大するための取り組みは、右の〈図表1-10〉のように時間軸と機能軸で体系化することができる。3〜12カ月単位でPDCAを回し、微修正を繰り返して企業の有するポテンシャルを引き出し続けるのがセールスマネジメントだ。

　それに対し、2〜10年先の方向性を決めながら、数年単位で見直しをかけ

ていくのがグロースプランニングであり、「企業が中長期的に売上を上げるための全体戦略およびその実行」と定義できる。主に商品開発やブランディング、サプライチェーン等が関わってくる。

　機能軸は、分析、実行、継続的なモニタリング（成果創出）の三つのフェーズで構成される。分析からスタートして実行に移り、施策を展開し、最終的な成果創出をモニタリングし、それを受けて再度改善点を見つけながら、再び実行フェーズに移る。これの繰り返しである。

　三つのフェーズを、さらに具体的に見ていこう。

【分析フェーズ】
　セールスマネジメントの分析フェーズは、一般的な競合調査や顧客調査を行う外部環境分析と、事業評価に分けられる。詳細は次章で説明するが、ここで

【図表1-10】BtoBビジネスにおける売上拡大のフレームワーク

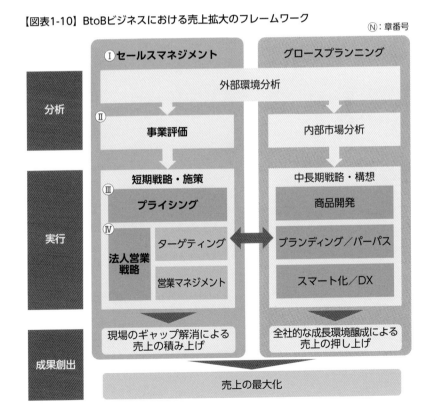

Ⓝ：章番号

21

は基本的にQBRS（Quality［品質］・Brand［ブランド］・Relation［企業と顧客の関係性］・Switching［変更時にかかるコスト］）というフレームワークを用いて、商品・サービスの強みと自社の状況と「顧客×商品」「顧客×営業担当」「商品×営業担当」の三つの観点で分析する。

【実行フェーズ】

　実行フェーズは、プライシングと法人営業戦略に分かれる。プライシングは商品・サービスの価格だけでなく、オプション・メニュー契約などまでを含めて見直す施策である。

　法人営業戦略は、さらにターゲティングと営業マネジメントの二つに分かれ、まずターゲティングでは自社の顧客を再定義した上で営業担当や広告などのリソース配分を検討する。この時、代理店や商社など顧客以外の取引先も検討対象に含める。

　営業マネジメントでは、営業ノウハウのベストプラクティスや組織マネジメント、評価体系の整備などが取り組みの対象となるが、本書では主に営業ノウハウのベストプラクティスにフォーカスして解説をする。

【成果創出フェーズ】

　最後の成果創出フェーズでは、モニタリングが肝となる。

　様々な施策のうちどの打ち手が良かったのか、どの営業担当が優れているか、どの製品の利益率がいいか、いちばん利益の出ている顧客はどこか、毎年どの程度の効率化が図れているか等をモニタリングから把握しておく必要がある。しかし、こうした数値を全て端的に答えられる経営層に会えることは稀である。

　以前、売上1000億円規模の外資系メーカーの法人営業本部長で、営業員のマネジメントに大変熱心な方にお会いしたことがある。その方は営業員のマネジメントには長けており、総勢100名以上を超える営業担当者に関することなら何を聞いても、完璧に答えることができた。

　おそらく、営業担当者にはかなり慕われているだろうと想像できる営業本部長だった。しかし、それほどの方でも、各製品の値引き率や営業担当者ごとの利益率、各製品の変動費率、各製品の契約期間、1社当たりのリード費用といったことに関してまでは、ほとんど答えられなかった。

　適切なモニタリングとは、船でいう羅針盤と同じで、何にフォーカスすべき

か、担当者をどこに導けばいいのか、経営をどういう方向へかじ取りすればいいのかを示すものである。

　もちろん成否を直接左右するのは実行フェーズではあるが、それによる成果を定量的に測定し、次のサイクルへと繋げることで、初めてセールスマネジメントは完成するといえる。

本書においてセールスマネジメントの実行にあたり意識した3つのポイント

　本書でセールスマネジメントにフォーカスする理由は、次の通りである。

　初めに、短中期で成果を出しやすいからである。製品開発やブランディングの醸成は、成果が出るまでに数年かかるので、本書での解説を省いた。先述したように、成功体験を積むことは今の日本企業にとって大きな意味を持つ。

　製品開発やブランディングは成果が出るまでに数年かかるが、本書の内容に沿ってセールスマネジメントを進めていただければ、3〜12カ月でプロジェクトの成果が出るようになっている。通常、プロジェクトは期間が長くなるほど失敗する可能性が高まり、また、結果を追う姿勢も緩みがちになる。本書ではこうした可能性を避け、結果に繋がる具体的なノウハウをお伝えしたい。

　次に、単独の施策として効果が出やすいという点だ。セールスマネジメントは現状のブランディングや品質を前提とした、いわば地に足のついた施策でポテンシャルの最大化をめざすため、短期間で具体的な効果が出やすい。

　これに対しグロースプランニングは長い時間をかけて根源的な成長を図る考え方であるが、日々のセールスマネジメントがうまくいっていなければ、単独の取り組みとしては効果に繋がりにくい。例えばブランディングがうまくいったとしても、これまでと同様のプライシングや営業手法、広告施策を踏襲していれば、単にブランドイメージが良くなるだけで売上にはほとんど反映されないだろう。

　最後に、もっとも重要なポイントを説明しておくと、成果が定量的に見えるかどうか、という点である。

　商品開発やブランディング、DXなどは成果を定量的に測ることが難しく、便宜的に設定した定量的なKPI（重要業績評価指数）が達成されたとしても、それがブランディングによるものなのか、新商品への反響の結果なのか、広告効果なのか、厳密には判断しにくい。

それに対してプライシングや法人営業戦略を含むセールスマネジメントは、データ整備さえすれば定量的なKPIを設定でき、継続的なモニタリングも可能で、どこに問題があるのかなどの課題整理もしやすく、それ故課題に対する施策も素早く打つことができる。何よりも成果が目に見えることでプロジェクトチームの士気が高まり、継続的な成果が出しやすくなる。

グロースプランニングはあくまでも、セールスマネジメントがうまく回っている土壌の上に成り立つものなのである。そのため本書ではセールスマネジメントにフォーカスし、グロースプランニングについては、続編でフォーカスできればと考えている。

セールスマネジメントへの取り組み方

セールスマネジメントを新たなプロジェクトとして取り入れ、法人営業戦略（ターゲティング・営業マネジメント）やプライシングを抜本的に行う場合、特に気を付けないといけないこと、意識すべきことが3つある。

ポイント1

一つめは、トップが主導する、もしくはプロジェクトに直接関わることである。

これまで説明してきたように、セールスマネジメントは様々な機能を融合・整合させることにその本質があり、一部署の施策に留まるものではない。例えば法人営業の見直しを図る場合、これまで進出していなかったエリアへの展開、新たな販売代理店や卸業との提携、モニタリングするKPIの変更、値引きルールの策定や価格の見直しなど、するべきことは多岐に及ぶ。

価格の見直し一つをとっても、当然ながら法人営業部門で完結する話ではなく、他の商品部や商品開発部、マーケティング部が絡んでくる。これは、部門間の綱引きに発展する恐れがあるだけでなく、場合によっては営業担当者やマーケティング担当者の評価制度を見直す必要も出てくるだろう。現場の混乱や反発が予想されるこうしたケースでは、トップから現場への説明や関与が必須となる。

ポイント2

二つめは、分析フェーズから施策への繋げ方についてである。

分析手法自体は次章で詳細に説明するが、起点となる分析結果を踏まえて施策をどの範囲まで広げるか（width）、どのレベルまでこだわるか（depth）、

どのくらいの時間軸（future）で考えるかが重要になる（コラム①〜③「WDFのフレームワーク」を参照）。

進め方1：小規模のパイロットプロジェクトから取り組む

　ここでのポイントは、トップとこまめに認識を合わせながら方向性を決めること、そして、施策の実行にかけるべき工数を見極めることだ。

　セールスマネジメントのようなプロジェクトでは、タスクを細かく設計しようと思えばいくらでもできる。しかし、現状を無視して理想論を追求し過ぎると現場に過剰な負荷がかかり、結果が出にくくなるばかりか、最悪の場合はプロジェクトが頓挫することもあるだろう。

　他部署との連携は慎重に進める必要があるが、工数はできる限り少なくしたい。特にコンサルティングやプロジェクトマネジメントオフィスを入れないで、自社独自で進める時は、通常の業務と並行してプロジェクトを進めるわけだから、工数の削減はプロジェクトの成否を左右することにもなる。

　そのためにお勧めしたいのが、パイロットプロジェクトの導入だ。

　本来はプロジェクトを全社的かつ有機的に動かしていくのが理想だが、達成すべき目標に対してスケジュールに余裕がある場合や全社的に進めるとコストがかかる場合には、小さな規模でテスト的に進めることも有効である。主なメリットとしては、スピーディーに立ち上がり、マネジメントしやすい、また、プロジェクトの効果がわかりやすく、効果がない場合はプロジェクトを中止しやすいことが挙げられる。

　パイロットプロジェクトの選定基準は、まず費用対効果または工数対効果が高いこと。特に社内プロジェクトとして進めるときは、少ない工数で効果の高そうな施策から優先的に着手するのが良いだろう。もう一つは、施策の難易度だ。工数にもよるが、同じ工数であれば難度の高い施策はプロジェクトがうまく滑りだしてから実施するのが得策である。

　一方、全社もしくは複数部署にまたがってプロジェクトを進める場合のメリットもある。経営戦略に落とし込まれ長期間プロジェクトを進めることが決まっている場合や全社的な効果を見たい場合などである。

　ただし、全社及び複数部署で進める場合においては、事前に業務を整理し、手順を検討し、他部署との連携や他の施策との整合性を意識しておく必要がある。そして、トップ（もしくは他部署も束ねている立場の人）主導もしくは

トップがプロジェクトに関わることは必要条件である。

　なお、パイロット的に進めるとなった場合でも、最終的なプロジェクトの全体像を描いた上で、計画的に進めなければならない。

進め方2：施策の優先順位を決め、対象範囲を選定する

　施策を選定したら、パイロットプロジェクトの対象範囲を選定する。

　例えば多店舗展開をしている企業や支社がある企業の場合、対象店舗を絞ったりエリアを限定したりするだけでも負荷は軽くなる。その他にも、施策の適用対象を新規顧客あるいは既存顧客だけに絞ったり、もしくは業界を限定したりと様々な視点で規模を制限できることがわかる。

　施策の選択肢が数多くある、規模やエリアが多数ある、子会社・グループ会社まで含めるか否か等、重厚なプロジェクトになりそうなときは、段階的に規模を大きくしていくことをお勧めする。

ポイント3

　三つめは、モニタリングの仕組み化だ。プロジェクトの進捗確認、そしてプロジェクトのPDCAを回していくためには、モニタリングによって施策の結果を客観的に把握し、その結果を元に検証していく必要がある。

　とは言え、仕組み化には案外時間がかかったり、仕組み化した後もデータ集計やグラフ作成の実務に工数を費やす必要がある。また、モニタリングする指標自体が担当者自身が改善できない部分の指標が設定されていたり、指標施策が連動していなかったりといったケースもある。つまり、「言うは易し行うは難し」なのがモニタリングの特徴といえよう。

モニタリングにおける課題クリアのために

　そこで、効果的なモニタリングをするために押さえるべき3つのポイントを紹介する。

　一つめのポイントは、的確なKPI（重要業績評価指標）設定である。

　KPIは、前提条件として未達の場合は業務改善の必要性を知らせてくれ、達成の場合は担当者の成績評価に繋がる指標にする必要がある。

　より具体的に言えば、施策にひもづいたKPIを設定するのである。できれば、一施策につき、KPIは一つから三つくらいまでにする。

　例えば、営業利益の改善施策としてプライシングを実行する場合、各担当者

の値引き率、顧客ごと・商品ごとの値引き率などが的確なKPIとして考えられる。営業担当者のベストプラクティスを導入する場合であれば、初回訪問から契約までのリードタイムや契約率、契約単価などが的確なKPIとなる。

　KPIを設定するコツとしては、施策に連動していること、つまり施策の直接的な結果として数字に変化を起こせるかどうかという点だ。

　そもそも施策は課題の解消を目的としているはずであるから、「どの数字がどうなれば課題が解消されたといえるか」という観点で、見るべき数値に変換すれば良い。それにより、KPIに対する現場の納得感を醸成することができる。

　以下の各章で施策の具体例を説明する際にも、それぞれに応じた的確なKPIを紹介していくが、施策とKPIの連動が弱いと感じればその都度見直しが必要となる。その場合は新たなKPIを導入することになるが、見直し前のKPIも継続して1年間モニタリングを続け、そもそも本当に見直しが必要であったかどうかを1年経過後に再度判断してみることも重要である。

　二つめのポイントは、モニタリングをできる限り仕組み化・自動化し、工数を減らすことだ。

　指標となるデータの入手に手間がかかり過ぎると、モニタリングを継続できなかったり迅速に把握できなかったりする可能性があり、KPIがいくら的確であっても意味がなくなってしまう。このような状況を避けるための方法として、オンライン化された営業管理システムなどの導入によるモニタリングが考えられる。モバイルから営業データの入力を可能にしたり、ローデータをマクロやロボティックプロセスオートメーションに落とせば必要な指標データが自動的に吐き出されるシステムを作ったりする必要はあるだろう。

　また、無闇にKPIを増やさないことも大切だ。必要以上にKPIを増やすと、モニタリングにかかる工数が増えるだけでなく、判断や議論が発散して間接的にも工数が増えてしまう。規則的かつ高い頻度でモニタリングをするためにも、本当に必要な情報のみをKPIとして設定し、かつ指標データの取得を仕組み化・自動化すべきである。

　また、仕組み化の中には、KPIを現場の担当者が日常的に触れられる状態にしておくことも必要である。秘匿性の高いデータもあるかもしれないが、施策を実行する現場がモニタリングを受けてPDCAのC→Aがスムーズに進み、成果の定着にも繋がるだろう。また、現場担当者のモチベーション向上や自助努

力も期待できる。

　三つめのポイントは、モニタリング会議をクリエイティブな場として意識することである。

　残念ながら、モニタリングを単なる「振り返り」「反省会」と捉え、生かし方を理解できていない企業はまだまだ多い。そのため新たなアクションに繋がる気付きを見つけられなかったり、逆に反省すべき点についてただ厳しい叱責が飛んだりして、本来あるべきモニタリングの姿から懸け離れてしまっているケースも少なくない。

　現場からのタイムリーな報告を集め、モニタリングそのものの見直しをして精度を高めるためにも、モニタリングはあくまでも新たなアクションを生み出す建設的な機会であると意識してほしい。

第**2**章

ビジネス
デューディリジェンス

1 セールスマネジメントにおける ビジネスDDの位置付け

前章では、セールスマネジメントの概念と取り組み方について述べた。それを踏まえ、ここではビジネスデューディリジェンス（Business Due Diligence : BDD）について概説する。

一般的なビジネスDDとセールスマネジメントにおける ビジネスDDの違い

　DD（デューディリジェンス）とは「適当な調査」を意味する。

　例えば、あらゆるビジネスにおいて、ある施策を実行する際に、どのようなリスクが想定されるのか、また、その施策の責任者がその行為に対してどういった責任を負うべきなのかを決めるなど、そのビジネス施策を実現するためにあらかじめ行っておく調査や考察を指している。

　弊社が実践しているセールスマネジメントにおいては、具体的な施策を実行する前に、ビジネスDDを実施している。ここでセールスマネジメントにおけるビジネスDDについて触れる前に、一般的なビジネスDDがどのように認知されているのかについて、簡単に整理しておきたい〈図表2-1〉。

　一般的に考えられているビジネスDDとは、「対象会社の製造や営業などのビジネスモデルの把握、事業性の評価及びシナジー効果分析・事業統合に関するリスク評価等を行うもの」と認知されている。M&Aや投資プロセスの一環で実施されるものという印象を持つ方も多いだろう。具体的には、対象企業の財務情報、販売・仕入れ情報、コスト構造、リスク、ケイパビリティ（組織的能力）、事業計画等、市場・競合まで広範囲に及ぶ分析を短期で完了させ、会社の価値を主眼にしている。

　一方で、弊社が実施しているセールスマネジメントにおけるビジネスDDも、対象企業の財務情報、販売・仕入れ情報や市場・競合の分析等を実施することについては大きな相違はない。しかしながら、その分析の起点をプライシング戦略ならびに法人営業戦略の良し悪しに置いているところが大きな違いといえるだろう。

　弊社が提供しているセールスマネジメントにおけるビジネスDDの最大の目

的は「現状と現実的かつ短期にめざせる姿とのギャップを可視化し、それを埋める方向性を示唆する」ことにある。

対象企業の財務情報であれば、業界平均と比較して利益率が○○％高い・低いというような分析ではなく、本来であれば、現状の利益率より○○％高くできるはずである、というような現実的にめざせる姿を考察した上での分析をしていくのである。

では次に、一般的なビジネスDDとセールスマネジメントにおけるビジネスDDの違いについてまとめておこう。

セールスマネジメントにおけるビジネスDDによって得られる成果

セールスマネジメントにおけるビジネスDDでは、「現状と現実的かつ短期にめざせる姿とのギャップを可視化し、それを埋める方向性を示唆する」ことに重きを置いている。

ここでいうところのギャップとは、本来、市場で売り出すべき価格と現状の価格との乖離（かいり）や、営業員ごとの受注率の乖離等を指す。誤解がないように言及しておきたいのが、目標値（≒めざすべき姿）ではなく、埋めることができる値（≒現実的にめざせる姿）に対してのギャップを可視化するということが肝であるということだ。

毎年○○％の成長や、前年から○○％の増加等を目標値として設定している企業は少なくないだろう。当然、企業自体の成長や各部門のチャレンジを促進

【図表2-1】 セールスマネジメントにおけるビジネスDDと一般的なビジネスDDの概念

	セールスマネジメントの概念	一般的な概念
分析の対象	外部環境（市場・競合他社）プライシング戦略法人営業戦略	外部環境（市場・競合他社）全社
分析の目的	本来獲得できる収益と現状のギャップの可視化	会社の価値、中長期的な収益性の可視化
分析の幅	狭く・深く	広く・浅く
分析の質	対象会社が短期的に改善可能な狭義のエリアを特定	対象会社の置かれている現状や市場の概観を漏れなく把握可能
分析の時間軸	短期（1-2年）	中長期（1-5年）
分析の期間	1-2カ月	1-2カ月

するためには、こうした目標を設定することは必要である。しかしながら、過去からの横引きによる目標値を設定し続けた結果、「目標は達成されないもの」「目標を達成しなくても評価に影響は出ない」というような認識が醸成され、形骸化してしまっている企業も少なくない。

　セールスマネジメントにおけるビジネスDDでは、経営目標や年間の事業又は個人の目標とは一度明確な切り離しをした上で、現実的に、直近1〜2年間で、既存のリソースを最適活用することでどの程度の売上又は利益を伸ばすことができるのかを可視化していくのである。

　大きな成長目標を掲げる企業にとっては、得られる成果に対して物足りなさを感じるかもしれない。実際に、ビジネスDDによって得られた成果を「感覚的に自分達でもわかっていたこと」「今は手を付けていないだけ」「抜本的に会社が変わるような内容が欲しい」等の声をいくつかの企業からいただいたこともある。

　しかしながら、ビジネスDDで得られる成果とは、企業にとっての機会損失そのものともいえることを認識いただきたい。言い換えれば、ビジネスDDで得られる示唆を軽視するということは、すなわち成長の底上げの機会そのものを軽視しているということにもなるのである。

　新たな戦略や投資をすることなく、売上または利益を向上させる機会を見つけ出すビジネスDDの重要性を理解いただけると幸いである。

2 セールスマネジメントにおける ビジネスDDの対象と実施手順

前節では、セールスマネジメントにおけるビジネスDD（デューディリジェンス）の位置づけを概説した。ここからは、具体的な対象と実施手段を見ていこう。

セールスマネジメントにおけるビジネスDDの対象

　セールスマネジメントにおけるビジネスDDでは、短期で成果創出が可能な領域にフォーカスする。つまり、限られた時間の中での分析精度を高めるためにプライシング戦略と法人営業戦略を起点とした分析を対象にしているのである。

　そのため、中長期的な対応が必要となるR&D（研究開発）領域やブランディング領域においては、セールスマネジメントにおけるビジネスDDの対象外となる。当然、短期的なギャップを埋めるための分析を進める中で、これらの領域が大きなボトルネックとなっているという分析結果が出る可能性もある。「現実的に短期で埋めることができるギャップ」の解消による収益よりも中長期的な取り組みによって得られる成果の期待値が上回る場合は、中長期の取り組みの検討にかじを切る可能性もあることにご留意いただきたい。

　また、自社分析をする前段階として、市場の全体感やトレンド、競合分析も行っている。あくまで「現実的に短期で埋めることができるギャップを可視化する」ことを目的とした分析であり、精緻な市場規模の推定や業界全体がどのような変化に直面するのか等の分析をしているわけではない。

セールスマネジメントにおけるビジネスDDの3ステップ

　セールスマネジメントにおけるビジネスDDは、大きく三つのステップで実施していく。それぞれのステップにおいて大まかな時間軸を記載するが、保有しているデータの整備状況や仮説を検証するために実施するインタビュー対象者の数等に応じて、多少の前後は発生する。しかしながら、分析に多くの労力を費やしても、「仮説は仮説」で終わってしまう可能性も高いため、必要以上に時間をかけないことを前提としている。

①定量分析・定性分析（約1カ月）

②改善ポテンシャルの高い領域の特定（約0.5カ月）

③特定した領域に対する具体的な施策の立案・優先順位付け（約0.5カ月）

　セールスマネジメントにおけるビジネスDDでは、①と②を調査・分析、③を施策立案というフェーズに分けて実施している。

定量分析・定性分析の使い分け

　何かしらの分析をする際には、定量分析・定性分析のどちらかの分析手法を活用するであろう。企業の現状のギャップを可視化するためのビジネスDDにおいても、その原則は例外ではない。しかしながら、意思決定を下すために情報を集め、分析をする際は何でもかんでも分析をすれば良いというものではない。

　まずは簡単に、定量分析・定性分析の使用方法を整理した上で、セールスマネジメントにおけるビジネスDDでどのように分析手法を選択していくかについて説明しておきたい。

　定量分析にも定性分析にも一長一短がある〈図表2-2〉。理想論としては、定量分析をした後に、課題仮説を構築し、課題仮説の検証のために定性分析に移るのが望ましい。

　セールスマネジメントにおけるビジネスDDについても、このような流れをたどることが理想的と考える。しかしながら、すべてがそのように事が運ぶものではない。

　近年で言えば、2020年春頃から本格的に流行した新型コロナウイルス感染拡大による社会的・経済的な影響が最たる例として挙げられるだろう。この影響により、過去の実績をどれだけ深く分析しても、意味を成さない分析結果し

【図表2-2】定量分析・定性分析の長所と短所

分析手法	長所	短所
定量分析	・数値指標の大きさの比較や変化の度合いを把握できる ・客観的な判断ができる ・グラフや図表での表現ができる	・過去実績に基づく分析である ・分析元のデータの信ぴょう性が低い場合がある
定性分析	・数値には表れない情報を分析できる ・未来志向も含んだ分析ができる	・客観性に欠ける ・一定の評価軸に基づいた情報の取捨選択が必要である

か得られない状況になってしまったケースも少なくない。その他にも担当者が手元のEUC（エンドユーザーコンピューティング）を活用して集計・加工した実績情報しかない場合や、組織改編や人事異動、担当顧客変更等が頻繁に発生している企業においても、過去の実績を深く分析することで示唆を得られることは少ない。このようなケースにおいては、定量分析に対する比重を下げざるを得ないのである。

　また、定性分析においても、比重を下げざるを得ない状況は発生する。現場担当者が取り組みに対してネガティブな印象を持ち、インタビューに対して真摯に回答してくれない場合や、セールスマネジメントにおけるビジネスDDに対応できる人数が少ないがために、インタビューなどの作業に割ける時間を確保できない場合等がそれに該当する。

　このような状況は決して珍しいことではないため、今、何が活用できるのか、そこから得られる情報の信憑性はどうであるのかを判断しながら、分析を進めていく必要がある。

　そこで、次節以降の分析手法においては、これらの問題が発生していないことを前提に説明していく。

・定量分析

　セールスマネジメントにおけるビジネスDDの中心は、プライシング戦略ならびに法人営業戦略を起点とした、顧客、商品、営業担当の三つの要素である。まずはこれらについて説明をしていきたい。〈図表2-3〉に事前に準備しておくと良い情報をまとめているので、参考にしていただきたい。特に顧客情報、営業情報、商品・サービスは重要なデータであるため、しっかり用意したい。

　現状を分析する際、顧客、商品、営業担当のそれぞれの観点単体であっても、一定の示唆を得ることは可能である。

　顧客であれば、主要な取引先の推移、製品であれば主力製品の推移、営業担当であれば受注件数等がイメージしやすいであろう。しかし、セールスマネジメントにおけるビジネスDDでは単体での分析に加えて、すべての要素の掛け合わせから抽出されるギャップの可視化に重きを置いている。

　この要素の掛け合わせ〈図表2-4〉によって、以下のような事象が見えてくるであろう。

顧客×商品：

【図表2-3】定量分析に必要な情報一覧

分類	把握したい情報	該当資料例
財務情報	全社の財務情報(直近3-5年程度)	損益計算書
	セグメント別の財務情報(直近3-5年程度)	〃
組織図	全社の組織体制がわかるもの	組織図、職務分掌
	部門ごとの人数がわかるもの	組織図
顧客情報	既存顧客の契約情報 ・顧客名、業界、取引金額、販売経路(問屋、Web 等)、提供商品 等	顧客管理情報
	新規見込み顧客のリード情報 ・顧客名、業界、提案商品、提案金額、受注見込み 等	〃
	失注顧客のリード情報 ・顧客名、業界、提案商品、提案金額、失注理由 等	〃
営業情報	営業担当別のパフォーマンス ・受注件数、提案件数、担当顧客、受注金額、利益率 等	営業評価結果
	営業担当のKPI	KPI一覧、 KPIモニタリング結果
	営業段階で使用している各種ツール ・提案書、トークスクリプト 等	標準提案書、 製品カタログ
	プライシングロジック	社内規定
	ECサイトのパフォーマンス ・受注件数、CVR、顧客属性(法人/個人)、受注金額、利益率 等	ECサイトのパフォーマンス管理情報
商品・サービス	商品・サービス一覧	販売データ
	商品・サービスの概要	〃
	商品・サービスのカテゴリー別の財務情報(直近3-5年程度)	〃
(BtoBtoXモデルの場合)	取引関係にあるパートナーや問屋一覧	代理店管理情報
	代理店マージン	代理店契約書
	代理店の権限(アプローチ先選定、値引き率の設定等)	〃
施策情報	これまでに売上向上に向けて取り組んできた施策一覧 ・施策概要、施策の効果 等	施策一覧
	今後、売上向上に向けて取り組む予定のある施策一覧 ・施策概要、施策の見込み効果 等	施策一覧、事業計画

・顧客の業界・業種ごとに、どのような商品を提供しているのか

・顧客の規模ごとに、どのような商品を提供しているのか

・顧客ごとに、売上高と粗利率はどのような分布になっているのか　等

顧客×営業担当：

・営業担当ごとの担当顧客業界・業種の傾向はどうなっているのか

・営業担当ごとの担当顧客規模の傾向はどうなっているのか

・営業チームごとの顧客売上や利益率はどうなっているのか　等

商品×営業担当：

・営業担当ごとの商品売上の傾向はどうなっているのか

・営業担当ごとの商品と粗利額の傾向はどうなっているのか

・営業チームごとの商品売上と値引き率はどうなっているのか　等

　このような定量的な情報を得た上で、経営層や営業担当、可能であれば顧客やサプライヤーに対してヒアリングを実施し、定性的な情報から現状を深掘りしていくことになる。

●定性分析

　定量分析から見えてこない課題を抽出するために、インタビューによる定性分析を行う必要がある。定量分析の結果から見えてきた現状のギャップを捉え、そのようなギャップが生じた背景を探ることで、施策立案に繋げられるからである。

　具体的な改善施策を立案し、実行に移していくにあたっては、関連当事者のコミットメントは欠かせない要素である。そのため可能な限り、多くの関係者にインタビューを行い（経営者/役員・現場責任者は必須とする）、それぞれが持つ課題感や思いを拾っていく必要がある。営業員へのインタビュー事項をま

【図表2-4】要素の掛け合わせ

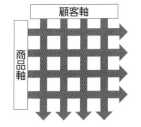
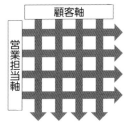
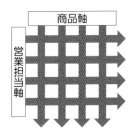

【図表2-5】営業員へのインタビュー事項（サンプル）

分類	インタビュー事項
体制・役割	今の営業組織の中で、どのような業務・役割を担っているか ・問屋〇社への継続提案、既存顧客へのクロスセル提案、新規顧客開拓 等
	どのような経緯で、今の顧客・問屋等の担当が決定されたのか
基本プロセス	どのようなプロセスで営業活動を推進しているか ・リード獲得、初回訪問、サンプル提供、提案・見積もり、受注・失注
	上記プロセスそれぞれに要する期間はどの程度か
	上記プロセスそれぞれのコンバージョンはどの程度か
	それぞれのプロセスにおいて、次プロセスに進まない要因としてどのようなものが挙げられるか
営業活動	新規開拓、既存顧客へのアップセル・クロスセル、継続提案の3つに分けた場合、売上比率ならびに工数はどのような割合になるか
	新規開拓の場合、いちばん初めに提案する商品は何が多いか
	また、その傾向は業界・業種ごとに異なるか
	どのような観点で新規顧客のアタックリストを作成しているか
	既存顧客へのアップセル・クロスセルの場合、提案する商品は何が多いか
	また、その傾向は業界・業種ごとに異なるか
	どのような観点で既存顧客のアタックリストを作成しているか
	特に初回訪問では、何をゴールとして営業することが一般的か ・サンプルの提供約束、見積もり提示の約束 等
営業ツール	現在、どのような営業ツールを使用して初回訪問をしているのか ・商品パンフレット、標準提案書、標準トークスクリプト 等
	上記ツールの中で、改修を加えたほうがよいと考えるものはあるか
	上記ツールに加えて、必要と考えるツール類は存在するか
営業評価	予算以外に、営業の評価となる指標は存在しているか ・粗利率、受注率、提案件数 等
営業管理	現在、全社共通での営業管理ツールは存在しないと伺っているが、どのように営業活動の管理をしているか ・Excel、自身のメモ帳 等
	自身の営業管理として何の情報を管理しているか
	顧客との折衝後、以下のようなネクストアクションを行うタイミングはどのように定義しているか ・初回訪問後の再訪問 ・顧客検討後の再訪問 ・失注後の再提案
その他	営業活動の改善に向けて課題に感じている部分はあるか 営業活動の改善施策を導入するとしたらどのようなことをするか

とめているので、そちらを参考にしながら、改めて自社内でも整理できていない情報の有無を確認していただきたい〈図表2-5〉。

定量分析でどのような結果が出てきたのか、どのような事象に対して特に課題感を持っているのか等によって、定性分析で取得しなくてはならない情報は変わる。そのため定性分析で何を検証したいのかをしっかりと整理してからインタビューに臨むことが重要である。

特に、分析によって浮かび上がったギャップの理由を明らかにする質問は有用である。例えば「この顧客の価格が高い理由は何か」「このチームの利益率がいいのはなぜか」等であり、定量分析の疑問を解き明かすように質問することで計画すべき施策が見えてくるだろう。

また、インタビューにおいてよくある例として「うちはマーケティング部が弱く、機能していないんです」「結局、弊社はブランドがない。このブランド力じゃ他社には勝てない」と抽象的な回答が返ってくる。この場合、回答を額面通り受けると分析結果に大きな影響を及ぼし、また適正な施策にもたどり着かない。抽象的な回答に対しては「マーケティングの中でも弱いと思っているのはどの部分か」「なぜ弱いのか」「ブランドが他社に劣っているとはどの部分で感じているのか」「ブランドが弱いと感じた理由は何か」等、できる限り質問を重ね、具体化させる必要がある。

なお、組織の風土や文化によって異なるが、個人が特定される形でインタビューの結果を公表することを嫌がる可能性もある。こうしたケースでは、匿名で報告する等の配慮が必要になるだろう。

改善ポテンシャルの高い領域の特定

定量分析・定性分析を通じて、企業が抱える課題がどこにあるのかを洗い出していくことができる。

営業員ごとにプライシングのロジックが異なっている、営業員ごとに受注率が大幅に違う、アップセル（より上位の高価な商品やサービスに移行してもらうための営業活動）・クロスセル（いつも購入している商品やサービスに加え関連するものを組み合わせて購入してもらうための営業活動）ができていない、特定の業界に対してアプローチできていない等、見えてくる課題の例を挙げればきりがない。そもそも、全てのことに対して完璧な企業は存在しないので、このような様々な課題が見えてくることは当然の結果なのである。

重要なのは、これらの様々な課題の中で、どの課題に対して真剣に向き合っ

ていくのかを決定することである。

　改善ポテンシャルの高い領域を特定する上で、「短期で改善可能なギャップを可視化する」という、セールスマネジメントにおけるビジネスDDの目的を思い出していただきたい。分析の結果、上位と下位での乖離が著しい領域、社内の標準から逸脱しているケースが散見される領域、特定の人だけがやっている取り組みがある領域等があてはまる。

　例えば、上位と下位での乖離が著しい領域というのは、営業の訪問件数や受注率が該当するだろう。社内の標準から逸脱しているケースが散見される領域というのは、値引き率の設定や契約条件が該当するだろう。特定の人だけがやっている取り組みがある領域というのは、独自の営業ツールや顧客フォローの方法が該当するだろう。

　このようにセールスマネジメントにおけるビジネスDDの目的を思い出しながら対象となる領域を特定すると、分析結果から、定量的にも定性的にもギャップが大きく、金額的なインパクトが大きい領域を特定していくことが可能なのである。

　そして、特定した領域に対して具体的な施策を検討していくことになるのだが、その前に、今のリソースを考え、どのくらいの領域であれば着手できるのか、また、実際に施策を実行していく現場の担当者が前向きに取り組んでくれるのか等、組織の制約条件も加味する必要がある。

特定した領域に対する具体的な施策の立案・優先順位付け

　対象とする領域が特定できたなら、今度は具体的な施策を立案し、取り組むべき優先順位を付けていく。

・特定した領域に対する具体的な施策の立案（ロングリスト）

　施策の立案の段階まで辿り着けば、ここからの検討はそこまで難度の高いものではない。繰り返しになるが、「短期で改善可能なギャップを可視化する」ことがセールスマネジメントにおけるビジネスDDの目的である。

　そのため、施策そのものも大掛かりなものとはならないはずだからである。すなわち、既存の製品・サービスを開発・改修したり、大規模なシステム投資をしたり、新たな拠点を立ち上げる等の取り組みは含まれない。今あるリソースを最大限活用し、本来であれば獲得できる収益を確保するための施策を立案

していくのである。

ここでも、例を挙げて説明していきたいと思う。

特定した領域が営業員ごとの粗利率のバラツキであった場合、粗利率の底上げをするために、

・割引率の下限設定
・売上高に応じた段階的な割引率の設定
・割引をする際の承認プロセスの整備
・高粗利率の製品・サービスへの営業促進
・割引交渉に対する手法の標準化

等の施策が考えられるだろう。

特定した領域が営業員ごとの受注率であった場合、受注率の底上げをするために、

・営業プロセスの標準化
・セールストークの標準化
・セールスツールの標準化
・アプローチ先の再選定

等の施策が考えられるだろう。

このように、ごく限られた領域を特定することができれば、施策そのものを立案すること自体は決して難しくない。実現性が不確かな斬新なアイデアではなく、これまでの経験に基づき、地に足の着いた施策を考えていくことが求められる。

ここで意識していただきたいのは、すべての営業員の成績をトップの営業員と同等の数字まで底上げすることが最終的な目的ではないということである。

2：6：2の法則（パレートの法則）がある。これは、2割の人間が優秀な働きをし、6割の人間が普通の働きをし、2割の人間が良くない働きをするという法則（経験則）のことである。

セールスマネジメントにおいては、2割の優秀層をベストプラクティスとし、6割の人間の数割を上位2割と同等のパフォーマンスまで引き上げ、下位2割を6割の普通と同等のパフォーマンスまで引き上げることをゴールとしているのである。

• 施策の優先順位付け

施策の立案が完了した後は、どの施策から実行していくのか、優先順位付け

をしていくことになる。施策の選定にあたっては、様々な観点での優先順位付けが可能であるが、セールスマネジメントにおいては、以下の観点を特に重要視した優先順位付けをしている。

①効果の大きさ

②効果創出までの速さ

③成功する可能性の大きさ

④現場担当者の取り組みやすさ

⑤関与人数の少なさ

⑥施策の実行費用の大きさ

　これらの観点の中での優先順位は都度変わることがあるし、ここに記載されていない観点が評価観点として挙がってくることもある。本書においては、特に重要視している観点とその理由について説明しておこう。

①効果の大きさ

　これは深く説明する必要もなく、重要な観点であることに対して異論はないだろう。何かしらの施策を導入する以上、投資（関与者の工数、システムやツール等の導入費用）以上の効果を得られないのであれば、施策を導入する必要がないと判断されて当然である。そのため、どのような状況であっても、優先順位付けの観点として含まれなければならないのが、この観点である。

②効果創出までの速さ

　継続的な取り組みを推進していく上で、早期に成功体験を積んでいくという意味でも重要視したほうが良い観点である。施策を導入したにもかかわらず、成果が創出されない期間が続くと、取り組みに参画しているメンバーのモチベーションが低下するだけでなく、取り組みそのものの意義自体に対して疑念が生じてしまう可能性が高い。

③成功する可能性の大きさ

　最初に導入した施策が失敗に終わった場合、この取り組みそのものが中止になってしまうリスクを排除するために必要な観点である。施策を導入したにもかかわらず、施策による成果が創出されなかった場合、取り組みを継続するほうが会社にとってマイナスの影響を与えてしまうのではないかという疑念が生じてしまう可能性がある。

④現場担当者の取り組みやすさ

　あくまでこれまでの業務の一環として取り組めるのか、また、取り組むにあ

たって心理的なハードルが高くないか等を考慮するために必要な観点である。

　取り組みの開始当初は、本当に意味があるのか、顧客に対して迷惑をかけるのではないか等の様々な疑念を持った状態であることは珍しくない。そのため、営業員が課題意識を持っているテーマから開始していくほうが望ましいケースもある。

　以上の中で、②効果創出までの速さ、③成功する可能性の大きさ、④現場担当者の取り組みやすさ、は特に現場担当者が取り組みに対してネガティブな印象を持っている場合は、少しずつ成功体験を積み重ねることで、その後の施策も円滑に進むことにつながるため、優先順位付けの観点として重要である。

　セールスマネジメントの施策を推進するためには、営業員を中心とした現場スタッフの協力が不可欠だからである。

3 セールスマネジメントにおける ビジネスDDの実例紹介

これまでセールスマネジメントにおけるビジネスDD（ビジネスデューディリジェンス）の目的とその実施手順について説明をしてきた。ここでは、実例に基づき、どのような分析結果が得られるのかという点と、分析の結果に対するよくある誤解について説明していきたい。

ケース①：食品メーカー A社

　食品メーカー A社は、複数の製品を提供している。近年では新規顧客の獲得数と利益率の低下に課題を抱えていたが、抜本的な解決に向けた取り組みをすることができていなかった。

　定量分析結果の一部を基に、どのような結論に至ったかについて説明していきたい。

　以下に既存顧客の業種別×商品別での粗利率分布を分析した結果を掲載〈図

【図表2-6】業種別×商品別の粗利率

業種	製品A	製品B	製品C	製品D	製品E	製品F	製品G	製品H	業種別粗利率
卸売業			18.1%	2.7%	1.7%	31.3%	25.2%	23.2%	6.6%
小売業	20.5%	94.4%	13.2%	25.9%	13.0%	26.3%	20.4%	21.6%	17.7%
外食業			25.4%	19.8%	13.4%		50.1%		25.7%
通販業		45.2%	13.4%	9.4%	9.9%	21.8%	22.5%	14.0%	13.8%
製造業			29.5%	100.0%	17.5%	17.0%		100.0%	25.6%
サービス業		34.7%	-5.0%	10.5%	10.0%	33.2%			9.5%
ホテル業						41.5%			41.5%
海運業						41.7%			41.7%
人材業			43.6%			41.3%			43.2%
養豚業			23.6%						23.6%
行政・組合			43.8%	100.0%	54.6%				52.0%
商品別粗利率	20.5%	26.1%	16.7%	22.4%	8.7%	30.2%	22.1%	20.7%	15.6%

表2-6〉しているが、これらの分析結果に対して、いくつかの観点から、現状を読み取ることができるであろう。まずは、これらの分析結果から何を読み取ることができるのかを考えていただきたい。

まずは、〈図表2-6〉から読み取れることを見ていこう。

①業種別×販売実績

小売業においては全ての製品が漏れなく販売することができているため、既存の製品が小売業にとって親和性が非常に高い。一方で、ホテル業、海運業、養豚業においては、単一の製品しか導入することができていない。

②業種別×粗利率

行政・組合、人材業、海運業、ホテル業の順で、非常に高い粗利率を確保することができていることが見て取れる。一方で、卸売業、サービス業では非常に低い粗利率しか確保できていないことが見て取れる。

③製品別×販売実績

製品Cならびに製品Fにおいては、多くの業種での販売実績を保有している。一方で、製品Aにおいては小売業にしか販売することができていない。

④製品別×粗利率

製品F、製品B、製品Dの順で高い粗利率を確保することができている。一方で、製品Eにおいては低い粗利率しか確保できていない。

これらの分析結果から、業界としては小売業をベストプラクティスとして、

【図表2-7】小売業における顧客と製品の販売状況

企業名(売上順)	既存顧客	製品A	製品B	製品C	製品D	製品E	製品F	製品G	製品H
企業①	●	✓	✓	✓	✓	✓			✓
企業②	●	✓	✓	✓	✓	✓	✓	✓	
企業③			✓	✓	✓	✓			
企業④	●		✓						✓
企業⑤									
企業⑥	●			✓	✓	✓	✓		
企業⑦									
企業⑧	●		✓						
企業⑨									
企業⑩	●		✓	✓	✓				
企業⑪	●		✓	✓	✓	✓			

全ての業種に対して同じように、全ての製品を販売するクロスセルの仕組みを構築できないか、ということが一つの施策として考えられる。

また、同様の製品であっても、業種ごとに粗利率が異なっていることから、値引きのロジックを平準化することで、粗利率の底上げをめざすことができないか、ということも施策として考えられる。

次に、業種としてベストプラクティスにしたい小売業において、更なる拡大の余地がないかという点も検討していく必要がある。

その分析結果が、〈図表2-7〉である。この図表から読み取れることを、確認して見よう。

①業種内での網羅性

業種内の企業を既存顧客かどうかにかかわらずピックアップし、売上順に並び替えをすると、売上上位の企業の大半を既存顧客として抱えていることがわかる。一方で、同業種内での実績を活用した新規顧客への提案ができていないため、比較的、受注難度が低いと考えられる業種内での横展開をすることができていないことがわかる。

②製品の網羅性

当該企業が提供する全ての製品を販売することができており、企業②が当該企業にとってもっとも理想とする形であることはいうまでもないだろう。しかしながら、既存顧客であっても、特定の製品を販売することができてない虫食いの状態が発生してしまっていることがわかる。

これらの分析結果から、小売業の中であっても、既存の事例を活用した横展開による顧客獲得や既存顧客へのクロスセルによる販売製品数の増加による収益拡大の余地が十分に残されていることがわかった。

当然、当該企業も感覚値としては小売業に対して強みを持っていることは十分に認識していたが、小売業に対してはこれ以上の収益拡大に向けた打ち手は無いと思い込んでいた。

今ある情報に対して、再構造化や組み合わせを変えた分析をすることで、感覚値を言語化することができ、さらに言語化された感覚値を考慮しながら営業手法の整備やこれまで見えてこなかった視点に基づいた営業戦略の立案等に繋がる可能性は十分にある。

ケース②：専門商社B社

　専門商社B社は、在籍している営業員数、取り扱い製品数のどちらも業界内では多い部類に該当する企業である。そのため、営業員のパフォーマンス、注力すべき業界・業種、積極的に営業していくべき商品、そうでない商品等に対する共通の認識がまったく取れない状況になっていた。

　ここでも、定量分析・定性分析結果の一部を基に、どのような結論に至ったかについて説明していきたい。営業別の売上・粗利率分布を分析した結果を掲載しているが、これらの分析結果から何を読み取ることができるかを考えていただきたい。

　まずは、次ページの〈図表2-8〉から読み取れることを見ていこう。

①社内標準の順守状況

　粗利率の当該企業においては、粗利率を最低でも15%順守することを社内標準として定義している。しかしながら、実態としては半数近くの営業員が社内標準以下の粗利率で販売しているのがわかる。

②売上・粗利率の相関関係

　一般的に、受注金額が大きくなるにつれて、それに応じたボリュームディスカウントを利かせて販売を行うことが多い。そのため、各営業員の売上・粗利率の散布を線で結んだ場合、右肩下がりの直線が描かれることが理想的である。しかしながら、当該企業においては、そのような直線は描かれず、相関関係を見いだすことがまったくできない。

　これらの分析結果から、社内標準が形骸化してしまっていると考えられる。まずは、ルールの再設定と順守に向けた仕組みを構築することが、一つの施策となる。また、販売時の値付けのロジックや交渉方法を平準化することで、粗利率の底上げをめざすことができないか、ということも施策の一つとして考えられる。

　このような施策の実現性を検証するために、営業×商品の観点から、粗利率の差異が発生している原因を突き詰めていく必要がある。同等規模の売上高を誇っているにもかかわらず、大きな粗利率の差異が発生している営業員2名に焦点をあてた分析結果が、次ページの〈図表2-9〉である。この図表においても、読み取れることを考えてみよう。

　営業員Nに関しては、以下のような特徴が見て取れる。

【図表2-8】営業別の売上・粗利率分布

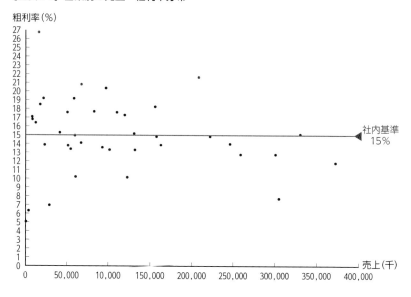

【図表2-9】営業×商品による粗利の差異（営業Nと営業Hの分析）

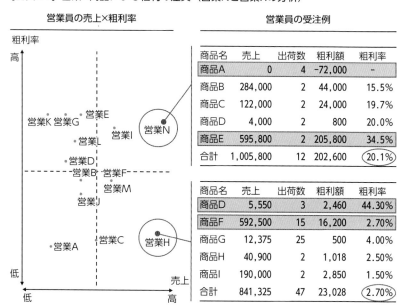

『成果報酬型セールスマネジメント』
短期的かつ確実に利益向上を実現する経営手法

読者限定無料プレゼント

本書をお買い上げいただき、誠にありがとうございました。
本書を実践的にご活用いただくための二つの特典資料を、
読者の皆さまへ無料でプレゼントいたします。
ぜひ、以下のURLからダウンロードのうえ、ご活用ください。

特典1

セールスマネジメント アウトプット イメージ集

本編第2章から第4章で取り上げた分析手法について、実際のアウトプットイメージをまとめた資料です。「1. ビジネスデューデリジェンスにおける基本分析」では、分析の基本的な整理イメージを掲載しています。「2.テーマ別分析」では、本編で紹介したセールスマネジメントのテーマごとに、より詳細な分析イメージを掲載しています。
基本分析からテーマ別分析まで、それぞれの粒度や観点、どのような分析結果が得られるのかなど、理解を深めていただければ幸いです。

特典2

契約失注やプライシングのミスを
事前に予防する交渉準備ノウハウ集

交渉は提案の時からすでに始まっています。提案前の準備がその後の交渉の成否を決めるといっても過言ではありません。この特典資料では、交渉を成功に導く準備のノウハウを集めました。この資料を活用し、準備不足による契約失注やプライシングのミスを防ぎましょう。

こちらのURLから
2つの特典資料を無料でダウンロードできます。

https://www.prored-p.com/gift_code

・もっとも高価な商品（E）は粗利をしっかり確保
・代わりに低額商品（A）を無料セット販売することで「お得感」をアピール
・結果、受注当たりの粗利率は高水準をキープできている
　一方で、営業員Hに関しては、以下のような特徴が見て取れる。
・もっとも高価な商品（F）はかなり値引きされ、粗利率が低い
・低価商品（D）は粗利率を確保しているが、単価が安いため、全体粗利率に貢献できていない
・結果、受注当たりの粗利率は低くなってしまっている
　このように、同じ値引きであっても、何をどのように値引きしていくのか、という、営業員ごとの戦略の違いが、最終的な粗利率に大きな差異を発生させてしまっていた。当該企業においては、社内標準である15%を維持できるように、営業手法を標準化することで粗利率の底上げを実現していった。

　営業員個々人の全体での成績については十分に管理・把握している企業も多いと思われるが、各営業員がどのような戦略をもって営業をしているのかという詳細まで分析することで、社内で標準とすべき営業手法を明確にできる可能性がある。

コラム① Width(広さ)とDepth(深さ)とFuture(時間)について

視点を見直し、考え方の幅を広げる

ビジネスにはさまざまなフレームワークがあります。本書のテーマである
セールスの分野だけでも、4P分析、PEST分析、5F分析、VRIO分析、SWOT
分析、STP分析、QBRS分析、AIDMA、7P分析などが挙げられます。

日々の業務や本書の内容と関連が深いものでは、5W1H、ECRS、PDCAな
どのフレームワークがありますが、個人的にもっとも使えると考えているフ
レームワークは、W・D・Fです。

W・D・FはWidth（広さ：選択肢の幅）、Depth（深さ：内容・方向性・
レベル感）、Future（時間：タイミング・短期/長期）の3つの視点を指しま
す。

これらの視点で業務を見直すことによって、リスクや問題点をあぶり出すこ
とができるだけでなく、業務を進める際の選択肢が大幅に広がります。その結
果、目的達成をより現実的なものにすることができます。この視点はビジネス
のさまざまな場面に応用することができ、仕事の効率化や品質向上にも繋がり
ます。特に若手の皆さんは早い段階からこれら3つの視点を意識することで、
業務の進め方の基礎が安定するでしょう。

Width（広さ）とDepth（深さ）とFuture（時間）について

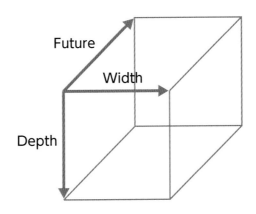

Width（広さ）

考え方の幅を広げることで、新規・既存にかかわらず、業務に対するアプローチの選択肢を増やすことができます。

例えばクライアントに商品配送の遅延の件で連絡する場合。多くの人はクライアントの担当者に電話で謝罪するのではないでしょうか。

ここで、Width（W）を広げてみます。W（広さ）を考えるときのコツは、代名詞と動詞に注目することです。

・代名詞を広げる

まず、代名詞を広げます。ひと言でクライアントといっても、担当者、担当者の上司、その両方、クライアントの代表など、複数のパターンが考えられます。

もう一つの隠れた代名詞が、誰から連絡するのか、です。これも、自分、自分の上司、自分の部下、そのうちの何人か、など多くの選択肢があります。

・動詞を広げる

そして動詞は、連絡する手段を指します。

電話する、メールする、対面で話す、テレビ電話で話す、手紙を書く、ショートメールを送る、LINEを送る、FAXを送る（もはやFAXを使う業種も減ってきていますが）。謝罪の手段は、電話や直接会いに行くことだけではないわけです。

特に昨今は、たとえ急ぎの連絡であっても、思い掛けないタイミングでかかってくる電話を嫌う人が増えています。その場合は電話をかけるよりも携帯へのショートメールがいいですし、LINEの連絡先を交換している関係性であれば、もちろんそれを使ってもいいでしょう。

ポイントは、代名詞と動詞の選択肢を掛け合わせると無数にパターンを生み出すことができる、ということです。例えば「商品遅延の件で、私からクライアントにメールする」というものから、「商品遅延の件で、私の上司から担当者の上司に、対面で話す」「複数人でクライアントの代表に会いに行き、対面で話す」など、掛け算によって組み合わせが広がります。

	誰から	誰に	どのように
①	自分	担当者	メールする
②	自分の上司	担当者の上司	電話する
③	自分の部下	担当者と上司	対面で話す
④	複数人	クライアントの代表	手紙を送る

　もちろん、一つひとつの選択肢を考えるのにもコツが必要です。代名詞の選択肢でいうと、自分から距離感のある「クライアントの代表」を選択肢に入れるには、連想力や想像力がいるでしょう。

　動詞の選択肢はさらにたくさんあります。テレビ電話やショートメールといった手段は、一歩踏み込んだ想像力が求められるかもしれません。他にも、電報、バイク便、代表電話への伝言、チャット、伝書鳩、テレパシーなど。後半は敢えて非現実的な選択肢を挙げてみましたが、このくらい柔軟に考えられるようになると、問題解決の糸口がつかみやすくなります。

選択肢を広げるための3つのポイント

　では選択肢の幅を広げるためにはどうすればよいのでしょうか。そのコツは3つあります。

・一つめ

　目的を無視して思い付く限り選択肢を増やす方法です。これもフレームワークで例えるなら、ゼロベース思考やマインドマップ、オズボーンのチェックリストやマンダラートあたりがそれに当たるでしょう。ネットで検索するとそれらの手法はすぐに出てくるので、気になった方はぜひ調べてみてください。

・二つめ

　目的を意識して、連想しながら選択肢を増やしていく方法です。例えば「何のため」に連絡するのかを考えます。謝罪であれば、できる限り相手の感情を把握したいので、まずは直接会うか電話が選択肢になるでしょう。連絡したことを証拠に残したいのであれば、電話、もしくはメールが適切と言えます。電話の場合は不在であれば、留守番電話に要望を伝えるという方法もあります。メールと電話を比較すれば、メールの方が確実で、CCを使えば担当者の上司

にも謝罪したことが伝わります。

　移動コストを抑えながら相手の反応を見たいのなら、テレビ電話になるでしょう。のちのち、もめ事に発展しそうな連絡であれば書留で送り、証拠としての役割を高めておく必要があるかもしれません。詳細なやり取りを証拠に残したいのであれば、敢えてカジュアルなビジネスチャットを利用する方法もあります。

・三つめ

　挙げた選択肢の中から2つ以上を選んで組み合わせる方法です。各選択肢の果たす役割は違ってくるので、そのうちの複数を用います。このとき、組み合わせる順番もポイントになります。

　例えば、電話して（目的1：すぐに相手の反応を確認したい）→メールする（目的2：電話での反応を踏まえてフォローする）。その逆の順序で、メールする（目的1：口頭では説明しづらい複雑な図や状況説明をしたい）→電話する（目的2：メール内容に沿って議論する）という方法もあります。

・W（広さ）を広げるコツを整理すると

①「代名詞」や「動詞」を対象にする。

②「隠れた代名詞」や「隠れた動詞」を見つけ出し、対象にする。

③掛け合わせの幅を広げるために、目的を意識しない/意識する方法で選択肢を増やす方法や、複数の選択肢を意識して組み合わせる方法があり、それらのすべてを用いてみる。

第3章

プライシング

1 プライシングの重要性

本章では、セールスマネジメントの根幹となるプライシング（値付け、値切め）について詳述する。実は、この重要性を理解していない日本企業が多いのも事実である。

日本企業のプライシングに対する意識

　プライシングとは、製品やサービスの価格を設定することである。製品やサービスの価格設定は非常に重要なことであり、京セラ名誉会長の稲盛和夫氏は、「値決めは経営」「経営の死命を制するのは値決め」であると語っている。このように、プライシングは企業経営においてもっとも重要な戦略として位置付けられるべきテーマである。

　2020年6月にプロレド・パートナーズが、売上規模1億円〜 10兆円かつBtoBビジネス業界の経営者127名、幹部職員623名、営業員250名に対して独自に実施した調査によると、「直近3カ間で自社の製品・サービスの値上げを行ったか」という質問に対して、61%の企業が値上げをしたと回答している。しかし、そのうちの約50%は原材料の高騰に伴う値上げである。つまり約30%の企業しかプライシングによって得られる効果を正確に把握していない。プライシングに対して正面から向き合っていないのである。

　また、「アップサイドに限定して自社の成長に必要な取り組みは何か」という質問に対して、経営層は「商品・サービス開発」がもっとも重要だと回答した。

　経営層以外では「営業戦略、営業施策」がもっとも重要だと回答している。プライシングがもっとも重要と回答した割合はそれぞれ12%、4%と他の選択肢と比較しても非常に低い水準にあることが明らかになっている〈図表3-1〉〈図表3-2〉。

　企業経営において、プライシングの重要性が多く語られているにもかかわらず、これらのアンケート結果からもわかるように、実際に重要と考え、行動に移している企業は多くはない。プライシングを戦略として見直すことで、追加コストをかけることなく、利益率を向上させることができるにもかかわらず、である。

【図表3-1】 経営層に対する調査結果

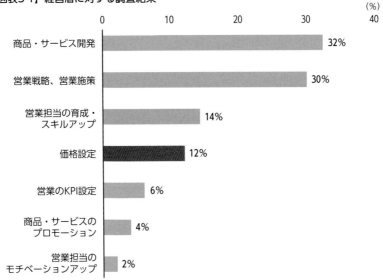

【図表3-2】 経営層以外に対する調査結果

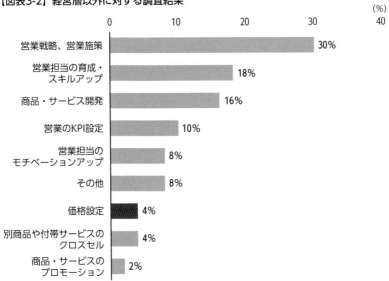

また、〈図表3-3〉を見ていただきたい。この図表は業界内における自社ブランドの順位をどのように考えているのか、〈図表3-4〉は、主力製品・サービスの強みをどのように考えて、自社のプライシングについてどのように捉えているのかを調査した結果である。約75%の企業が自社の主力製品・サービスの定価に対して妥当であると回答していることがわかる。

　業界内における自社ブランドの順位や自社の主力製品・サービスが持つ強みが異なるにもかかわらず、自社のプライシングが妥当であるという回答が大多

【図表3-3】自社ブランドの業界順位と主力製品・サービスの定価に対する考え方

	割安	妥当	割高	合計
業界1位	13社	122社	28社	163社
業界2位	12社	82社	12社	106社
業界3位	10社	56社	16社	82社
業界4-5位	16社	66社	12社	94社
業界6-10位	4社	36社	6社	46社
業界11位以下	23社	128社	37社	188社
わからない	42社	253社	26社	321社
合計	120社	743社	137社	1,000社

【図表3-4】主力製品・サービスの強みと定価に対する考え方

	割安	妥当	割高	合計
品質	35社	238社	37社	310社
価格	20社	59社	7社	86社
開発・生産力	7社	94社	12社	113社
ブランド	19社	112社	27社	158社
アフターサービス	18社	90社	19社	127社
代替性の低さ	12社	45社	11社	68社
組織力	8社	92社	15社	115社
その他	1社	13社	9社	23社
合計	120社	743社	137社	1,000社

数を占める調査結果が得られているのである。

　当然、この回答の中にも本当にプライシングが妥当である企業も存在することは間違いないだろう。しかしながら、妥当と回答した企業が多いのでプライシングに対して強い興味・関心を持っている企業が少ないといえるのではないだろうか。

　実際に、我々がご支援してきた複数の企業においても、取り組みを開始する前は自社のプライシングは妥当であると確信しているところがほとんどであった。しかし、セールスマネジメントにおけるビジネスDDを進めていく中で、自社のプライシングが適切ではない、と気付いてもらえることも多いのである。

2 プライシングを重要視していない取り組みの現状

前節までで、日本企業においては、プライシング（値付け）に対する意識が低いことについて言及してきた。その結果として、多くの企業が陥っているプライシングを重要視していない状況を説明しておきたい。

戦略としてのプライシング意識の欠落

　自社の業績を高めるために、コスト削減の取り組みを継続的に進めてきた企業は少なくないであろう。

　中長期の経営計画の柱や、業績が悪化した際の手段として「抜本的なコストの見直し」を検討することが一般的であるように思う。言い換えれば、業績向上のための取り組みとしてコスト削減という手法は、日本企業において浸透している考え方なのである。

　実際に、国立国会図書館の蔵書検索で、「コスト削減」で検索すると、2020年10月時点で1,000冊以上のコスト削減に関連する書籍が発行されており、コスト削減というワードは非常に身近なものになっている。

　しかしながら、「抜本的なプライシングの見直し」という言葉を耳にすることは少ない。コスト削減によって仕入価格を10円下げることと、プライシングによって値段を10円上げることで得られる成果は変わらないにもかかわらず、前者のコスト削減の手法を選択する企業が大多数なのである。むしろ、後者のプライシングの見直しが、そもそもの選択肢に入ってきていないと言ったほうが正しいかもしれない。

　昨今では、様々な企業が様々な領域に進出してきており、より競争が激化している。差別化の難しい汎用製品・サービスにおけるプライシングの難度が上がってきていることは事実である。

　このような環境下において、これまで以上にコスト削減策による価格競争に走ることが常態化し、戦略的にプライシングを捉えることの欠落を加速させているのである。

販売量増加の取り組みへの傾斜

　利益の拡大や利益率の向上もまた、中長期の経営計画の柱として標榜している企業も少なくないであろう。

　固定費回収以降は、単に数量を積み上げることによって、結果として、その目標を達成できると考えているケースも散見される。

　プライシングの設定を変えず、現在の営業リソースのまま、小さな利益の積み上げをすれば、確かに利益の拡大や利益率の向上を実現することは可能であろう。しかしながら、販売単価×販売量が基本的な公式でありながら、販売単価という部分に目を向けず、販売量に対してのみの取り組みを推進することは、利益の拡大や利益率の向上をめざした本質的な取り組みとは言えないだろう。

予算ありきのプライシング

　営業をする上で、顧客の予算を把握しておくことは非常に重要であり、予算を知っているからこそ考えられる営業戦略もあるだろう。

　しかしながら、その予算に合わせて自社のプライシングを設定することが営業員や営業部門の常套手段となっていることが多いのではないだろうか。結果として、自社の製品・サービスが持つ価値からかけ離れた価格や、自社の目標達成に寄与しない価格での販売がなされてしまっているのである。その傾向は、BtoB（法人向け）の営業では特に顕著である。

　予算がない顧客に対して高い価格の商品やサービスを営業しても売れるわけがないという声もあるだろう。しかしながら、こういう状況に陥っている営業員や営業部門は、顧客の予算にしか目を向けなくなり、自社製品・サービスの価格、ブランドまでをも自ら崩壊させていってしまっていることに気が付いていないのである。しかも、一度崩壊させた価格を適正価格に戻すことは非常に困難であり、値下げした金額での取引を続けるしかなくなってしまうことに対するリスクを想像できていないのである。

　さらに言及するなら、「予算に合わせた提案をしてくる会社」という印象を顧客に持たれてしまえば、取引のたびに解約をチラつかされ、年々、販売価格の値引きを要求され続けることになる。

　こうした取引が常態化している企業は少なくないだろう。また、原価を基に

したプライシングも見られる。コスト管理を徹底してきた企業においては、低価格こそが製品・サービスの魅力の一部であり、価格に関しては一定の利益を確保でき、目標の販売量を確保できれば戦略として成功と考えている企業は多いのではないだろうか。

プライシングできないという思い込み

　プライシングの相談を受けたときによくある嘆きとして、「弊社はマーケティング部が弱くてどうにもならないんです」「競合と比較して、ブランドがないんです。とても価格見直しなんてできないです」といったことを耳にすることが多い。

　しかしながら我われから「ブランドが弱いというのは具体的にどのような部分で感じられているのですか」「マーケティングの中でも特にどのあたりが弱いんですか」と聞くと、はっきりと答えられないことが多い。そして、最後は「価格見直しをすると販売量が減る」とか「売上が減る」と言われることが多いが、「実際に過去に値上げした際はどうでしたか」という質問にも答えられないことも多いのが実情である。

3 プライシング戦略の立案

プライシングには戦略が必要不可欠である。ここでは、その立案と実践の手法について概説する。

プライシング戦略とは何か

プライシング戦略とは、「顧客が購入する製品・サービスの対価として支払う金額」を決めることを意味する。

プライシング戦略を計画するにあたっては、まず企業が目指すべき目標を明確にしなければならない。同一企業・同一部門内であっても、製品・サービスごとにプライシング戦略を定義し、それぞれの製品・サービスが達成すべき目標を明確に定義する必要がある。取り扱い製品・サービスの多い企業では、最終的な売上や利益率のみにフォーカスし、個々の製品・サービスがいくらで販売されているのかを把握していないケースも多い。

ここで重要なのは、全社レベルや事業部レベルでなく、製品・サービスという最小粒度で戦略を計画していくことである。

プライシング戦略で得られる四つの効果

プライシング戦略が成功した場合に得られる効果は、一般的に四つに分類することができる。製品・サービスによって市場に投入された目的やライフサイクルが異なるが、必ずどれかの効果を創出するために販売されていると言えるだろう。

①売上・利益の増加

最適なプライシングによって、売上を最大限に増やすことができるようになる。企業にとっては安すぎない値段かつ消費者にとっては高すぎないプライシングをすることが重要である。安すぎるプライシングでは、消費者にとっては大きなメリットがあるが、企業にとっては、収益が伸びない可能性が高い。

一方で、企業にとっての利益が大きいプライシングを設定してしまうと、消費者にとってはメリットを感じない値段となってしまう。その結果、消費者の購買意欲を下げ、商品の売上が伸び悩むことが当然として考えられる。

②市場シェアの拡大

　適切なプライシングで、多くの消費者から支持される商品に成長させることで、市場シェアも同時に広がっていく。市場のシェア拡大にともない、生産コストや物流に関わる1個あたりのコストを低減させることが可能となる。それによって、プライシング設定の見直しが可能となり、さらに市場シェア拡大に繋がる、という好循環を生み出すことができる。

③ブランドの確立

　適切なプライシングで、自社の製品・サービスの価格帯のイメージを市場に浸透させることができる。似たような商品であれば、値段の安いものを買おうとする消費者も多いが、一度浸透したブランドイメージが崩れることは少ない。そのため、不要な価格競争の環境下で戦うことから逃れることができるようになるのである。また、ブランド確立は社内にも影響を与える。例えば、高価格に設定することで、価格設定に見合う営業活動になっているか現状を見直すきっかけとなり、品質へのこだわり、アフターフォローの改善などに繋がる可能性もある。

④投資の早期回収

　プライシングの方法次第では、投資を早期に回収することが可能になる。例えば、新商品のリリース時に高めの価格設定をすることで、投資を早期に回収することが可能になり会社のキャッシュフローを楽にするメリットが挙げられる。

プライシングの範囲

　多くの人は、プライシングと言われた時に、提供する製品・サービスの単価を頭に思い浮かべるだろう。「販売価格＝目標利益＋原価＋その他経費」という公式が成り立つため、製品・サービス単体のプライシングだけを考えた時には、必ずしも間違いではない。しかしながら、本来、プライシングとはもっと広範に捉えなくてはならない。

　プライシングに影響を与える要素として、二つの観点が考えられる。一つは時間軸の観点、もう一つは位置付けの観点である。

　一般的に考えられる価格には本体価格、オプション価格、保守・メンテナン

ス費、セット価格が挙げられる。価格にひもづけられる諸条件には、経費契約、期間販売量が挙げられる。また、一回買い切りにするか、リース契約にするか、サブスクリプション契約にするか等、契約形態についても検討する余地がある。

　どのような時間軸で、どのような位置付けで、どの程度の利益を獲得することを目標とするかによって、プライシングで検討すべき範囲が変わってくるのである。

　時間軸の観点でいえば、短期での売上または利益の獲得をめざすのであれば、本体価格やオプション価格に対するプライシングが特に重要な範囲となるだろう。逆に、中長期での売上または利益の獲得をめざすのであれば、本体価格に加えて、付随するサービス、契約期間や契約形態も含めてプライシングの範囲となるだろう。とにかく短期間でのシェア拡大をめざすのであれば、ヤフーブロードバンドのときのように無料でモデムを配るという例もある。

　位置付けの観点でいえば、新規顧客へのドアオープナーの役割を担うのであれば、当該製品・サービスとクロスセルを狙う製品・サービスの両方がプライシングの範囲となり得るだろう。ブランドを確立するための商品であれば、自社製品の価格だけでなく、競合他社の価格を意識する必要が出てくるであろう。プライシングを設定するにあたっては、自社の戦略と密接にひもづけ、必要な要素を網羅的に洗い出した上で、範囲を定義していかなくてはならないのである。

プライシングの設定方法とBtoBビジネスの特徴

　プライシングを決める前提として、自社のビジネスモデルの特性を明確に定義できている必要がある。

　企業が一般消費者を対象に行うBtoCビジネスの場合であれば、マーケットの情報や顧客の購買情報等のデータ分析を通じて予測は立てやすいといえる。しかしながら、法人向けのBtoBビジネスの場合は、そもそも競合する製品が存在しないことや、競合したとしても顧客ごとに仕様や予算が異なるため、明確なプライシングを設定しにくいという側面がある。

　また、BtoBビジネスの商品やサービスの多くは一物多価の側面もあり、同じ商品でも複数の価格が存在する。そのため、顧客とのこれまでに築いてきた関係性や顧客が求める緊急度等、経験則に基づいたプライシングの設定が必要になるのである。

一般的に、プライシングの設定方法は〈図表3-5〉のように分類することができる。

　あくまで一般論として記載をしているが、この価格の設定方法のどれが正解でどれが間違いというものではない。あくまで、自社の短期・中長期の目標を見据えた戦略、製品・サービスの品質、ブランド力等を鑑たときに最適な方法を選定することが必要なのである。

　また、プライシングはBtoCとBtoBビジネスとに分けて考える必要があり、また定型と非定型の2つに分けることができ、プライシングの設定方法と重ね合わせて価格を設定する必要がある〈図表3-6〉。

　ただし、プライシングの設定方法とは違い商品特性であるため、参考にしながらプライシングに利用していただきたい。なお、BtoB（非定型）企業の中には競合との差別化及びブランドの確立を図るために高価格にサービスを設定した上で、価格をオープンにし、一物一価にするというプライシング戦略をとっている企業も存在する。

【図表3-5】 プライシングの設定方法

視点	方法	概要
自社	コスト・プラス法	ある一定の利益率または利益額を製品のコストに加えて価格を設定する価格決定方法
	目標利益法	損益分岐点から、必要な利益を加えて価格を決定する方法
競合	市場価格追随法	すでに市場に出回っている競合製品（競合サービス）を基準に値段を決める方法
	プライス・リーダー追随法	業界を先導するプライス・リーダーに倣って商品価格を設定する方法
	慣習価格法	その業界において習慣的に設定されてきた価格帯がある場合に、それに倣って価格設定する方法
顧客	価格差別化法	同一の財・サービスを買い手ごとに異なる価格設定で販売する方法
	名声価格法	複数価格帯を用意し、価格に敏感な顧客に対しては安いプランを、価格に対し鈍感な顧客には高いプランを選んでもらう価格を設定する方法

【図表3-6】 BtoCとBtoBのプライシング分類

分類	BtoC（定型）	BtoC（非定型）	BtoB（定型）	BtoB（非定型）
内容	・個人を顧客とし製品や決められたサービスを商品とする ・特に製品に多い	・個人を顧客とし属人的なサービスやオーダーメイドを商品とする ・特に人が関わるサービスに多い	・法人を顧客とし製品や決められたサービスを商品とする ・特に製品に多い	・法人を顧客とし属人的なサービスやオーダーメイドを商品とする ・特に人が関わるサービスに多い
価格	・オープン ・基本的には一物一価	・オープン ・基本的には一物一価	・オープンにしているが営業によって価格が変わる ・商品によって一物一価と一物多価が混合	・オープンになっていないことが多い ・基本的には一物多価
マーケット	あり、把握しやすい	あるが価格比較が難しい	ある	あるが価格比較が非常に難しい
顧客	不特定多数	商品によって不特定多数と特定多数が混合	商品によって不特定多数と特定多数が混合	特定多数

4 契約実務

ここでは、契約実務の中で特に失敗しがちな契約期間ならびに中途解約条項、オプション等について説明していきたい。製品・サービスの売り切りのビジネスモデルの場合は、本節の内容はそぐわない部分もあることをご留意いただきたいが、本来売り切りであったものの多くがサブスクリプションに変わりつつある状況を鑑みるに、今後の戦略のヒントとなり得るのではないだろうか。

　営業担当であれば、顧客との契約書のやり取りが発生する機会は多いだろう。契約書とは、契約を締結する際に作成される当該契約の内容を表示する文書である。

　その目的としては契約内容に関する紛争、蒸し返しの防止や、紛争や訴訟が起きた時の証拠等、損失やリスクをカバーするためでもある。一方で本体価格・オプション料金・保守メンテナンス費用や契約期間・中途解約・契約更新、イレギュラーな問題発生時の取り決め・違約金・権利関係まで網羅する必要がある。

　契約書にはそうした機能があるにもかかわらず、多くの企業は自社製品にカスタマイズした契約書のひな形を作成していない。その契約書が自社のビジネスモデルを鑑み、法務視点からだけでなく、ビジネス面から適切であるのかどうか、場合によっては製品やサービスごとに適切であるのかどうか、を検討する必要がある。

契約期間の設定

　まず契約を締結するにあたり、適切な契約期間を考える必要がある。自社のビジネスにとって最適な契約期間はどの程度なのかを製品・サービスごとに検討するのである。ここで言う最適とは、収益の最大化という観点だけではない。顧客の囲い込み、アップセル・クロスセルの機会創出等、新たなビジネスチャンスの創出の機会がどれくらい得られるのかを考慮するのである。

　一般的に、契約期間が長くなればなるほど、顧客にとっては他社への切り替えを検討することは難しくなる一方で、契約期間が長くなれば、契約を締結することへのハードルは高くなるものである。例えば、契約期間が長期に及ぶと中途解約条項を求められることも多い。契約を締結するにあたっては、主だった契約期間・更新・中途解約のパターンを認識しておく必要がある。

　表にするとこのようになる〈図表3-6〉。これを商品・サービスの特性によって掛け合わせた契約書を作るのである。この適正なパターンをどのように見つけるのかという質問に関しては、セオリーを押さえ、競合、他業界の成功例等を参考にしつつ、最終的にはマーケットの反応を見ながら、何度かトライ＆エラーを繰り返し、自社のベストパターンを見つける方法が最善である。また、そのベストパターンを見つけたとしても、それが永続的にベストであると考えないほうが良いだろう。本書では契約におけるセオリー的な考え方について説明していきたい。

・条件と契約期間の関係

　例えば、初期コストがかかり、1年で契約が終わるとコスト倒れするような商品であれば、契約期間を1年以上に設定し、中途解約はなしにするのが自社にとってはベストな契約だろう。しかし、営業をしている中で、1年超では契約率が下がる顧客に対応するケースでは、契約期間を1年に設定し、更新時の契約期間も1年ごとに設定すれば、ある程度は収益化できるようになる。

　また、とにかく商品性が高く、一度使うと契約解除することがほとんど無い商品であり、契約数を増やすことが重要な場合は、できる限り契約期間を短く設定する。さらに、中途解約もすぐにできるようにしておくのである。ただし、更新は自動更新にするのが適切であろう。

　ディスカウントを求められた場合は、交換条件として通常の契約期間を延ばすという対応が必要になってくる。

【図表3-6】契約期間の設定

	契約期間	更新の取り決め	中途解約
サービス提供側に不利	1カ月	なし	10日以内
	数カ月	口頭による双方合意	1カ月前
	1年	エビデンスによる双方合意	3カ月前
	複数年	期間が短くなり、自動更新	6カ月前
		同条件自動更新	記載なし
			中途解約できない（違約金を支払えば可）
サービス提供側に有利			中途解約できない

事前に様々なシミュレーションをした上で、ベストな契約を締結できるようにパターン化しておくことが望ましい。

契約期間と諸条件をパターン化する際には、各条件を、譲れる条件、できれば譲りたくない条件、絶対譲れない条件に分け、見た目でもわかるように色分けしておくと良い。そして、その色分けの仕方は中長期的な利益を基本とし、各条文の役務を数値に置き換えるなど可視化した上で判断する。

・すべての契約を一度に解約されるリスクを避ける工夫

いくつかの取引のある顧客と新たな契約を締結するにあたって、考慮しておくべきことがある。顧客満足度にも影響することでもあるので、一概に、次に示す工夫が良いとは言えないが、検討しておきたい点である。

以前、ある外資系のメンテナンスサービスを提供している企業の契約内容を確認したことがある。その企業では、メンテナンスサービスを提供する上で四つの契約が存在していた。その四つの契約は、契約時期と契約期間が異なっているため、顧客がそれらのメンテナンスサービスを他社に変更したいと考えた場合でも、同時に四つの契約とも他社に変更することができないわけである。

契約期間が終了する度に1契約ずつ変更していき、全ての契約が入れ替わるのに何年もかかるという状況であった。したがって全ての取引を一気に解除されるリスクを回避することも考慮に入れておくことが必要なのである。

このように商品・サービスに合った契約期間と諸条件を考える必要がある。法律的に問題ないかという部分も大事であるが、ビジネス的にどのようなメリットを得たいかという視点は重要なポイントといえるだろう。

オプションの設定

商品本体以外に収益となる可能性を持っているのが、オプションである。オプション設定には、大きく三つのパターンが考えられる〈図表3-7〉。

一つめは本体＋オプション（本体に関連したサービス）や経費を追加する方法である。二つめは量への転換である。アカウント数や販売量等で調整する方法である。三つめは支払方法の変更である。

以下に、それぞれについて説明していこう。

・本体＋オプションや経費

一つめのオプションや経費は商品やサービスにおいて、本体以外に本体に関

連した報酬が発生する項目が多くある。

　例えば、定期的にメンテナンスが必要なものであればメンテナンス費用を請求できる。不定期に修理が発生するものであれば修理費用、メンテナンスや修理費用がすべて含まれて、定額で保守料として請求する場合もある。エレベーターや医療機器、複合機等の高額な機械ではそのような料金体系が一般的である。また、クラウドサービスで、オプション機能を足していくと費用が追加されるような料金体系もある。

　サービスの中でも固定費と変動費を見極める必要があり、例えば固定費が高く変動費の少ないオプションは、追加してもらいやすくするようにできる限りセット料金等のディスカウントを意識した料金体系にしていることが多い。

　オプションに関しては、製品として提供するというよりもサービスとして提供することを考える必要がある。BtoCであれば当たり前になっているオプション料金もBtoBでは無償で提供している場合も多い。自社の工数と顧客満足がどこにあるのかを見極めた上で無償提供しているサービスを有償化するのも一つのプライシング戦略である。無償サービスとして一部の顧客のみが受けていたサービスがある場合、有償化した途端にサービスを認識していなかった顧客から有償サービスでも提供してほしいと依頼されるケース（または可能性）もある。

　経費は人件費や交通費、宿泊費、調査費等もろもろの費用が含まれるので、

【図表3-7】オプションの設定

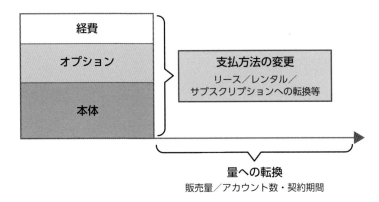

それらが大きな変動費になっている場合は、契約等で別途請求すると取り決めておいてもいいだろう。特に人が直接出向く必要があるものや対応しなければならないビジネスにおいては、請求できるような料金体系にしておく必要がある。一方で、出張経費を請求する代わりにオンライン打ち合わせの場合の出張経費は無料とすることで顧客満足度を維持することも重要である。

・量への転換

　二つめの量への転換は、「契約期間/販売量」と「契約単価/販売単価」は相互のバランスを意識した取り決めにする必要がある。販売単価の低いものは、できる限り多くの量をさばく必要があるだろうし、契約単価の高いものであれば、契約期間は短くても良い。また、クラウドサービスなどでは、アカウント数により価格体系が変わるものが多い。少ないアカウント数や使用時間が短ければ利用を無料で提供して、顧客獲得のハードルを下げているサービスも多い。

　顧客の中でもボリュームゾーンはどこにあるのかを事前に見極めて、価格設定する必要がある。

　また、すでに価格設定し、後から適切な価格でなかったことを認識したとしても、変更することは可能である。

・支払方法の変更

　三つめの支払方法の変更は、会社のキャッシュフローも考慮した上で最適な支払方法を決めて自社に優位な契約を締結する必要がある。通常高額な製品を購入した場合、顧客となる企業は資産計上する必要が出てくる。それを毎年の費用として計上したいというニーズがあれば、買い取りではなくサブスクリプションやリース、レンタルとして製品の提供を検討しても良いだろう。場合によっては金利による収益を得られる可能性もあり、自社で製品を抱えられない場合はリース会社と提携することでリースによる製品提供もできる。

　また、リースのように長期間契約が向く商材と、サブスクリプションやレンタルのように中途解約可能で他社にまたレンタルできるような商材があるなど商材に応じて向き不向きがあるため、これまでの顧客の反応や事前に顧客へのヒアリングと自社商品の特性・コスト構造等を見極めた上で契約内容、支払方法を設定する必要がある。

　最近増えてきたのは、事前にチケットを複数枚（10 〜 100枚程度）購入

し、サービス提供を受けるたびにチケットを1枚（場合によっては複数枚）使用するというデポジット式のものもある。これの利点は、初回チケット購入時のハードルは高いが、2回目以降はすでにチケットを購入済みであるため、サービスを気軽に利用しやすくなる点である。実際、顧客の中でもその都度社内決裁する必要はなくなるケースも多い。

　このように支払方法やオプションなどを考慮することで収益は大きく変わってくる。商品・サービスの特性と顧客ニーズを見極めながら最適なオプション設定を意識する必要があろう。

5 プライシングの失敗事例

ここでは、プライシングの失敗事例を挙げる。紹介する事例は、業界・業種にかかわらず、誰しもが直面する可能性のある事象と考える。過去からの商慣習、自社の当たり前や思い込み等、プライシングの失敗に陥る要因は多く存在するため、定期的に自社のプライシングとビジネスを取り巻く環境を整備していくべきであることが理解いただけると思う。

ケース① 業界トップシェアのITサービス企業： 過去の経験則に依存したプライシング

　企業Aは、「市場のシェア拡大」と「競合への対抗」を目的として、競合他社よりも一段低い価格でITサービスを提供していた。この企業のプライシング設定者は同業界における経験が非常に長く、競合のITサービスの強み・弱み、一般的な提供価格を熟知しているという自負があった。

　しかしながら、昨今の人件費増加やITサービス市場の急激な成長により、需要は彼の認識以上に増加していた。こうした背景の中、競合が需要増加に伴った値上げをしている中でも、過去の経験則から、企業Aでは価格の見直しをしてこなかったのである。そして競合に比べて一段どころか、二段・三段も低い価格でITサービスを提供し続けていたのである。

　そのことで顧客は、あまりの価格の安さに対して、提供されるITサービスの品質そのものへの不安を抱くようになった。一方、競合は値上げによる利益を背景にシステム投資を拡充し、広告を増やし続けた。結果として、過去の経験則に基づいた判断が、市場のシェアを拡大するどころか縮小させる要因となってしまったのである。

ケース② 全国に約50の施設を保有する宿泊事業： 間違った顧客主義のプライシング

　企業Bは、創業年数の長い宿泊業を営んでいる。全国で複数の宿泊施設を運営し、顧客からは高い評価を獲得している。そのことはリピーター客が多いという特徴からも推測できた。

　企業Bでは、リピーター客を大切にしたいという思いから、宿泊料金を変え

ることなく宿泊サービスを提供し続けてきた。皮肉にも、昔からのリピーター客に支えられていたことも災いし、周辺地域の競合宿泊施設、あるいは同等の宿泊施設のサービス提供価格、周辺地域で開催されている各種イベント情報など、外部の情報を取り入れて事業を運営するという感覚を失ってしまっていたのである。

その結果、「今以上の価格に値上げすると顧客が逃げてしまう」「現状の価格で現状のサービスを提供しているから顧客の満足度が高い」といった強い先入観が企業内に定着していたのである。

しかしながら、同じように歴史の長い周辺地域の宿泊施設であっても、レベニューマネジメント（適切な価格設定）を行うことで、着実に収益を得ることに成功しているところも存在する。

これまでのやり方の踏襲や過度に顧客を気にし過ぎた結果、本来、需要と供給に合わせた価格設定を行わず、得られるべき利益を数年間にわたって失い、リニューアル費用の捻出が低額にとどまり、建物の劣化により既存顧客の客離れが進み徐々に稼働率が落ちつつある。

ケース③　グローバルに事業を展開する消費財メーカー：
　　　　組織のパワーバランスに起因したプライシング

企業Cでは経営企画部門、営業企画部門、製品企画部門が明確に切り分けられており、それぞれの部門が目標としている数字がまったく異なっていた。しかも客観的に見た際に、3部門の数字目標を同時に達成することは非常に困難であるほどに、整合性が取れていなかったのである。

企業Cでは営業部門が社内でも強い力を持っていたことと売上至上主義であったため、製品のプライシングにおいては「営業が売りやすい金額であるかどうか」がいちばんの論点となっていた。しかも、最終的なプライシングは全社利益や製造原価といった、本来考慮すべき数字とのバランスがとれていないものとなっていたのである。

そのため、毎年の売上は右肩上がりに推移しているにもかかわらず、利益率だけが業界平均と比較しても格段に低い水準で推移し続けていた。このような状況に加えて、売れば売るだけ赤字となるような製品も存在したのである。

ケース④ 創業100年を超える専門商社：
評価指標とのギャップが引き起こすプライシング

　企業Dは、営業員ごとに担当企業を割り当て、担当企業の売上を増加させていくルート営業を主流としていた。営業員ごとに担当する企業は業界や規模が異なっているため、営業員同士の情報共有やサポート体制はなく、それぞれの営業員が担当企業への営業戦略を個別に検討し、実行していく方式で営業活動を推進していた。どの商品を優先的に営業するのかも、各担当の営業員の裁量であった。当該商品のプライシング設定においては、提案金額の大きさ（1契約100万円以上〜）に応じた承認権限を定義していた。

　しかしながら、この1契約100万円以上からという金額の基準は「キリの良い数字」ということで定義されているだけで、数字に対して何の論理的な理由があるわけでもなかった。

　また、それぞれの営業戦略が営業員に委ねられているため、営業員が「今後の規模拡大が見込める」「大手顧客である」などと判断した場合は、大幅に値引きがされた提案金額の承認申請が上げられてくることも珍しくはなかった。

　一部の営業員は契約までのスピードを速めるために、1つあたりの契約金額を100万円未満に抑えるような営業手法を採用していた。承認申請も形式的なものであり、無意味な承認プロセスだけが遂行され続けていた。その結果、企業Dの利益率は業界平均と比較しても著しく低い水準で推移し続けていたのである。

　ここで改めて自社のプライシングに必要な情報が漏れなく整備され、最近の状態に更新されているかを確認していただきたい。

　それが、プライシングの失敗を招かない方法であるからだ。

6 自社プライシングの妥当性の確認方法

自社プライシングの妥当性の確認方法については、前章で紹介したDDの定量分析（ギャップの可視化）とプライシングのワークショップの二つあるが、ここではワークショップについて、事例を交えながら説明していきたい。

このワークショップは、大規模で長時間を要するようなものではないので、ぜひ、自社内で実施していただきたい。今後のプライシング戦略を考える上で、重要なインプットになると確信している。

弊社もプライシング戦略の立案から導入までの取り組みをご支援させていただく際には、ワークショップを必ず実施している。

ワークショップは、七つのステップで実施される。全体を通じて要する時間は2時間程度。もちろん、途中に入る議論の時間を長く確保する場合はその限りではない。

ワークショップの手順

1：参加メンバーを招集する

異なる部門の異なる階層の役職者を招集する。その際、部門や役職が可能な限り重複しないようにして、参加メンバーを決定することが望ましい。もし、こうしたメンバー設定が困難な場合は、参加可能な最少人数で実施する。

弊社が想定している標準的なメンバー構成は以下の通りで、ぜひ参考にしていただきたい。

参加人数：13名
部門：営業、製品開発、経営企画
役職：経営、役員、部長、課長、一般社員

2：自社の主力製品・サービスまたは注力製品・サービスを選定する

優先的に検討したい製品・サービスや課題を抱えている製品・サービス等、自社の状況に応じて製品・サービスを選定する。ワークショップの時間が許すのであれば、価格が決まっていない新商品など複数の製品・サービスを選定する。複数の製品・サービスを選定する方が、それぞれの差異が可視化しやすくなる。

弊社では、セールスマネジメントにおけるビジネスDDから導き出した改善
余地の大きさに応じて、ワークショップの対象とする製品・サービスとその数
を選定している。

3：周囲と相談をせずに、いくらで売るべき商品であるかをポスト・イット®に記載する

　自社における標準規模の新規顧客に商品・サービスを販売することを設定
し、プライシングをする。その際、参加メンバー全員が同一の条件をイメージ
した状態でワークを進める。商品・サービスによっては、値引きや条件交渉が
常態化しているものもあるため、いくらで売るべきか、どこまで値引きや条件
を許容すべきか、など複数の値付けを設定するのもよいだろう。

4：ポスト・イット®に記載した値付けとその理由を発表する〈図表3-8〉

【図表3-8】ワークショップの結果（製造業）

役職	値付け結果	値付けの理由
経営	15,000円	自社のブランドを鑑みた際に、過去の経験則から考えられる最適な金額
営業管掌役員	12,000円	事業計画の達成に必要な最低金額
経営企画管掌役員	11,000円	事業計画の達成に必要な最低金額
製品開発管掌役員	17,000円	製品開発部長から聞いているR&Dコストと理想的な回収期間を鑑みた金額
営業部長	12,500円	自分が過去に、現場で営業していた時の経験則から考えられる金額
経営企画部長	11,000円	事業計画の達成に必要な最低金額
製品開発部長	17,000円	R&Dに費やしたコストと理想的な回収期間を鑑みた金額
営業課長	10,000円	自分が過去に、現場で営業していた時の経験則から考えられる金額
経営企画課長	11,000円	事業計画の達成に必要な最低金額
製品開発課長	20,000円	競合よりも高い品質と自負しているため、競合を超える金額
営業一般社員	9,000円	顧客の予算や競合の値段を鑑みた金額
経営企画一般社員	13,000円	全社平均の金額
製品開発一般社員	-	いくらかという観点で開発をしていなかったため、金額はわからない

5：値付けとその理由に対する議論をする

このワークショップでは、何に基づいて価格を設定しているのか、どこを向いて価格を設定しているのか、という大きく二つの論点に対して議論を行う。

何に基づいて価格を設定しているのかについては、過去の経験則、研究開発費、事業計画の三つの前提が見られる。

どこを向いて価格を設定しているのかについては、自社、顧客、競合の三つの前提が見られる。

この段階では、それぞれの役職、部門における考え方の傾向がわかれば十分である。それぞれの価格設定の考え方を共有し、認識することが大切なのである。

ここで改めて認識しておいていただきたいのだが、議論を展開する時は、決して個々の考え方を批判しないことが大切である。また、利益損失に繋がるような価格設定であっても、発言者への責任を問わない環境で議論をしなくてはならないことを認識していただきたい。

6：市場の平均価格やマーケットトレンドに基づき、客観的に価格の妥当性を評価する

自社でワークショップを実施する場合には、当該ステップの割愛を推奨する。なぜならば、市場の平均価格やマーケットトレンドは公示情報から取得可能なものにとどまるため、情報を取得する工数に対して得られる示唆が限定的になってしまう恐れがあるためである。もちろん、既存の顧客から競合の情報等を取得し、実態に即した数字に基づいた議論ができるかもしれない。しかしながら、それでも局所的な情報に限られる上、公正な議論を阻害する要因にもなりかねないのである。

7：これからの値付けの基礎となる方針を決定する

　ステップ⑤を通じて、慣れ親しんだ自社の製品であっても「市場でどの程度の価値があるか」という問いに対して、同一企業内でも近似した回答を得ることはできないことに気付いてもらえる場合が多い。また、自社の製品の価値を考える際にどこを向いてその価値を考えるかによって大きく異なっていることにも気付いてもらえることが多い。

　現場スタッフであれば、受注するために競合に勝てる金額を、中間層になれば過去の実績を、営業を統括する立場であれば数値目標を、経営であれば自社のブランドを、といった具合に異なってくるのである。このような考えのどれが正解でどれが間違いであるという簡易な結論に至るわけではない。また、企業が置かれている状況によって、どの選択肢を取るべきかも変わってくるものである。

　そのため、これらの議論を通じて、自社の価格設定の"基本方針"を決定していくことで、企業が抱える価格設定に対する"ギャップ解消"の助けになるであろう。

7　プライシング戦略の見直しと改善

市場はたゆまず変化し続けている。それにキャッチアップして成長を遂げていくために、企業に求められるのがプライシング戦略だ。ここでは、戦略の見直しと改善に関するノウハウを紹介する。

散見される事象

　前にも述べたが、多くの企業では、一度市場にリリースした製品・サービスの価格の見直しを戦略的に行っていないのが実態である。

　〈図表3-9〉は製品・サービスの段階に応じた価格の意思決定者に関する調査結果をまとめたものである。この棒グラフを見ると製品・サービスのリリース時はトップマネジメントが関与する企業が50％近くに上ることがわかる。しかしながら、リリースから時間が経過し、既存顧客の維持やアップセル・クロスセルの段階になると、価格に対するトップマネジメントの関与が大きく減少する傾向にある。

【図表3-9】製品・サービスのフェーズごとの価格決定の意思決定者

■事業本部長格以上　■課長～部長クラス　□課長未満

	リリース時	初回契約時	契約更新／追加注文時
課長未満	13.9%	12.1%	17.6%
課長～部長クラス	39.3%	45.0%	45.6%
事業本部長格以上	46.8%	42.9%	36.8%

価格の意思決定権が徐々に現場に委譲されていくのが見て取れる。その理由としては、以下のようにいくつか考えられる。

・一度リリースした製品・サービスの価格見直しによる収益向上を視野に入れていない
・最初に決めた価格であるため、当該価格が順守されていると考えている
・一度リリースした製品・サービスに対して検討時間を割くことができない　等

しかしながら、このような状況は非常に危険である。なぜならば、リリース後の製品・サービスの価格に対するマネジメントを怠ることにより、以下のような事象が発生することが懸念されるからである。

・本来得られるはずの収益向上の機会を逸してしまっている
・現場では短期の目標を優先し、価格設定自体が崩壊してしまっている　等

現場側の意思決定が間違っていると断言するつもりはないが、プライシングとは企業経営の根幹に関わるものなのである。そのため、プライシング戦略の見直しを怠ることで、いくつかの弊害が生じてしまう。トップマネジメントも関与した意思決定が常に求められるということを肝に銘じてもらいたい。

ちなみに、ゼネラル・エレクトリックのジャック・ウェルチ氏はCEO時に、トップマネジメントがプライシングに力を入れるため、プライシングの分権化と直接CEOに報告するプライシングマネジャーを配置している。Amazonにおいてもジェフ・ベゾス氏がプライシングに深く関与していることは周知の事実である。

日本の成長企業の経営者とプライシングについて話すと、必ずといっていいほど経営者自身が価格決定に関与し続けている。

改善に向けた準備

ここで、プライシングの改善に向けた準備について解説したい。

・QBRSフレームワーク

プライシングの改善に向けた準備をするにあたり、顧客から見て、自社の製品・サービスがどのような位置付けにあるのかを可視化することが必要であ

る。そこで弊社が提唱するQBRSのフレームワークを活用して分析することをお勧めしたい。

　弊社が提唱するQBRSフレームワークとは、Quality（品質）、Brand（ブランド）、Relation（企業と顧客の関係性）、Switching（変更時にかかるコスト）のそれぞれの頭文字を取ったものであり、この四つの要素で構成されている。まずは、それぞれの要素が何を意味するかを説明していきたい。

Quality（品質）：
　品質に関わる要素である。技術、スピード、正確性、時間、セキュリティ、丁寧さ、デザイン、コンパクト、ワンストップ、ESG（リサイクルやCO_2排除）、独自のサービス・オプション等が要因となり得る。
Brand（ブランド）：
　ブランドに関わる要素である。信頼性（大手・老舗）、共感、自社全体のESGの取り組み実績、PR広告による認知率等が要因となり得る。対象製品・サービス以外の部分を担っている。
Relation（企業と顧客の関係性）：
　企業と顧客の関係性に関わる要素である。営業力、株主、相互取引、長期間の付き合い、トップ・役員・社員と人的繋がり等が要因となり得る。
Switching（変更時にかかるコスト）：
　変更時の代替性に関わる要素である。代替性が無い商品やサービス（独占・寡占市場）、業務への支障や支払・納品ルールの変更、他取引への影響等が要因となり得る。リースやレンタル、資産計上できる、様々な契約条件が存在する。

　QBRSのそれぞれの要素は、顧客が自社の製品・サービスを競合他社に切り替えるかどうかを検討するにあたり、実際に享受できる便益の損失、または心理的なハードルになり得るものである。

　全ての要素が競合他社と比較して上回っている必要はないが、相対的な比較をした際に、上回っている要素が多ければ多いほど、競合他社に切り替えられるリスクは低くなる。言い方を変えれば、QBRSの要素に明らかな優位性がある場合は、現在提供している価格＋αでの価格への契約見直しの可能性も十分にあることになる。

・QBRSフレームワークの活用方法

　QBRSにおいて、基本的にもっとも重要視すべき要素はSwitching（変更時にかかるコスト）である。Switching（変更時にかかるコスト）の要素に優位性があるという状態は、マイケル・ポーター氏の言葉を借りれば、いわゆる売り手の交渉力が強い状態である。そのため、ある程度、強気な価格交渉をしたとしても、顧客は継続して製品・サービスを購入し続ける可能性が非常に高いと考えることができる。

　次に重要視すべきはQuality（品質）またはBrand（ブランド）である。

　どちらの要素がより重要かについては、現在取引している顧客やサプライヤーの気質を鑑みて判断していただきたい。とにかく良い製品を使いたいと考える顧客や、軽微な品質の低下であっても、市場の競争力に大きな影響が出てしまうような顧客であれば、Quality（品質）の要素が非常に重要になる。

　一方で、××社の製品・サービスを使っていることを重要だと考える顧客や、市場に広く認知されている製品・サービスを使用した方が社内に説明しやすいと考える顧客であれば、Brand（ブランド）の要素が非常に重要になるのである。

　最後に、Relation（企業と顧客の関係性）に関しては、資本関係のある企業、アライアンスパートナー企業、昔からの付き合いのある企業、担当者との関係が非常に良好である企業等、定量的に測定することのできない部分が多いため、他の三つの要素と並列で重要度を比較することが難しい要素である。そのため、当該要素に関しては、自社の置かれている状況を考慮して、取り扱い方について検討する必要がある。

QBRSを用いた分析結果の事例

　公示情報で拾うことが可能な情報や、これまで取引関係のある顧客、サプライヤー（中間卸含む）や第三者の業界エキスパートへのヒアリング、自社または調査会社を活用した消費者アンケート等を活用して、自社主要商品と競合商品のKBF（購買決定要因）を抽出していく。抽出したKBFそれぞれをQBRSの要素に分解し、比較分析することで、自社の位置付けを明確にすることができる。〈図表3-10〉は、消費者アンケートを通じて得た情報に基づいたQBRS分析の一部である。

　当該製品においては、Quality（品質）とRelation（企業と顧客の関係性）で

は競合に優位性があることがわかる。一方で、Brand（ブランド）とSwitching（変更時にかかるコスト）においては、競合と比較して劣っている。この分析結果だけを見ると、Quality（品質）が高く、Relation（企業と顧客の関係性）が強固であれば、価格の見直しは容易と考えることができる。一方で、Switching（変更時にかかるコスト）におけるコストの観点では、競合より劣っているため、当該製品の価格の見直しは難しいと考えることもできる。

　製品に対する消費者調査の定量的な情報を抽出するだけでも、このようなまったく異なった方向性の見解を生むことが可能になるのである。

　最終的には、この分析結果に加えて、今期の目標、リスクの許容度、定性的な情報等を加味して価格を改定するのかしないのかを決める。もし価格改定をするのならば、どの程度の改定をするかを決定する。当該製品では、最終的には現在の価格から5%程度の値上げをする方針を決めた。

　本取り組みを通じて、「すでに高価格だと思っていた自社の製品に対して、値上げの余地があるとは思わなかった」「定価と定価比較しか考えてこなかった」「改めて自社の訴求ポイントを発見することができた」といった意見をいただいている。

【図表3-10】QBRSを用いた分析結果の事例

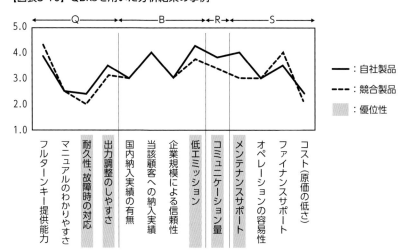

価格改定の実現に向けて考えておくべきこと

　QBRSを通じて、自社の製品・サービスの価格改定の余地を可視化することができることをご理解いただけたと思う。しかしながら、このような分析をしただけでは、価格改定を実現することは難しいのである。
　次に、価格改定の阻害要因を確認していきたい。

・価格改定の阻害要因
　阻害要因には心理的なもの、評価制度によるものが考えられる。
＜心理的なもの＞
・値上げ交渉をすることにより、既存顧客との取引が無くなってしまうのではないか
・値上げに応じてもらえた、もらえないにかかわらず、今後の関係性をどう維持していけばいいのか不安になる
・現場レベルでは既存顧客との取引が無くなるリスクを負うことはできない
・初回の販売価格は社内で合意したはずなのに、このタイミングで値上げ指示が来るのは納得できない
・過去に値上げ交渉をしたことがなく、交渉方法がわからない
・営業部門が聖域化しており、他部門から指摘できない

＜評価制度によるもの＞
・評価制度が売上に連動しており、評価を上げるためには、新規開拓をした方が売上目標に対するインパクトは大きい
・価格改定による売上目標へのインパクトは小さい上に、解約による売上減少のリスクが高い
・利益目標を持っている人ではなく、販売目標を追い掛けている販売員が価格決定権を持っている

　上記で挙げた阻害要因を見ると、現場スタッフは納得できる要因だと考えるだろう。残念ながら、弊社がセールスマネジメントのサポート提供をしている企業においても、プライシングの領域だけは対象外または保留になるケースが存在する。それほどまでに、このプライシングという領域に対してメスを入れることを嫌う企業は多いのである。

しかしながら、実は、示したような阻害要因は思い込みであるにすぎないことも少なくないのである。

阻害要因の撤廃

プライシングの見直しを推進するにあたっては、阻害要因である心理的なハードル、評価制度のハードルそれぞれを撤廃していかなくてはならない。プライシングによる利益率の改善は一営業員が担うべき責務ではなく、全社的な課題として取り組む必要がある。そのため、阻害要因の撤廃を怠ると、価格改定の実現を達成することが困難になるのである。

・心理的な要因を撤廃する

まずは、心理的なハードルに関して撤廃方法を考えてみよう。

値上げによる解約は、実態として頻繁に発生しているのであろうか。値上げ交渉をされる側と値上げ交渉をする側に分けて調査をした結果をまとめている〈図表3-11〉。

この調査結果からもわかるように、実際の値上げ交渉によって解約される可能性は全体の約15%にとどまっている。むしろ75〜80%の確率で、値上げ交渉に成功しているのである。

【図表3-11】心理的な要因

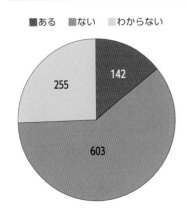

値上げ交渉をされたことを理由に、
主要サプライヤーと解約をしたか

■ある ■ない □わからない

142
255
603

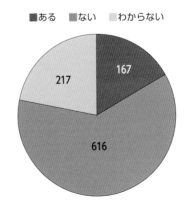

値上げ交渉を行い、
主要顧客に解約されたか

■ある ■ない □わからない

167
217
616

後段の改善取り組みの進め方で詳細は説明するが、交渉すべき顧客をセグメント化することによって、交渉の確度を高めることができ、交渉失敗による影響を軽微にすることもできる。

　交渉の対象とする顧客像を明確にした上で、成功によって得られる金額と失敗によって失う金額の期待値を緻密に計算することで、売上を向上させる余地があるのかどうかを事前に判断することは十分に可能である。「交渉に失敗したらどうしよう」という不安の声が出てくるのは、事前にどのような顧客に対して交渉をし、どの程度の成功率があるのかについて、明確な数値を示せていないことに起因していると考えられる。

　一方で、この調査結果や交渉によって得られる期待値の計算結果だけで心理的なハードルを撤廃できるのかというと、必ずしも"Yes"と回答できるわけではない。しかしながら、やったことのないものに対して心理的なハードルを理由に取り組みを進めないのであれば、半永久的に取り組みを進めることはできないだろう。繰り返し言うが、すべての顧客に対して一律に推進する必要はないのである。「可能性の高いところから着手」して、少しずつ成功体験を得ていくことが重要なのである。

　また、心理的なハードルを取り除くために、営業員から自社の管理部門（特に、総務部門と情報システム部門）に直接ヒアリングさせることも推奨したい。

　弊社が独自に行った調査によると、多くの企業で原価、工事費、販管費全般の値上がりを実感していると回答している〈図表3-12〉。このように、昨今で

【図表3-12】直近3年間での価格の変化

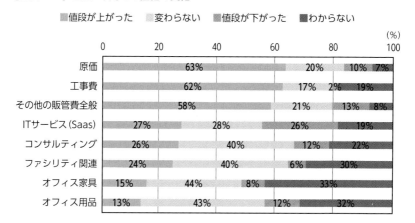

は製品・サービスの値上がりが決して特別なものではなく、顧客側も値上げの交渉に応じているのである。また、顧客が値上げに応じるかどうかはさておき、値上げ交渉を受けることを当然と考えている顧客も少なくはない。

・評価制度による要因を撤廃する

　営業の評価制度に関して調査をしたところ〈図表3-13〉、約80％は比重の偏りはあれども、定量評価を活用している。その定量評価を行う際に、どのような指標を用いるのかという調査結果では、約55％が売上を指標に活用していることがわかった〈図表3-13〉。

　この結果から判断すれば、現場で聞かれる声は確かに正しく、営業員にとって既存顧客の価格改定に注力することは効率的ではないといえるのである。

　既存の評価制度を見直すということが難しい企業もあるだろうが、評価制度にメスを入れない限り、営業員が価格交渉に積極的に取り組む環境を作り上げることは困難である。

　評価制度そのものを見直すことが困難である場合は、価格交渉による損失は評価から除外し、成果は評価に算入する等の、独自の取り決めをするだけでも十分な効果が得られるだろう。

　実際に弊社がサポートした企業においては、価格交渉の成否を評価対象から完全に除外することを経営層とコミットすることから開始した例がある。また、既存の人事制度に対して見直しを図ることで、経営者としての本気度も伝

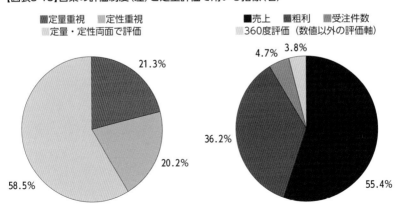

【図表3-13】営業の評価制度（左）と定量評価で用いる指標（右）

定量重視　定性重視
定量・定性両面で評価

売上　粗利　受注件数
360度評価（数値以外の評価軸）

21.3%
20.2%
58.5%

4.7%　3.8%
36.2%
55.4%

わり、営業員もより取り組みにコミットするような風土を醸成することもできるだろう。

プライシング改善への取り組みの進め方

前節で「可能性の高いところから着手」するという話をしたが、どのようにして「可能性の高いところから着手」していくのかを説明していきたい。改善への取り組みにあたっては、①対象顧客の選定、②対象営業の選定、③交渉の準備、④交渉の実践の四つのステップで進めていくことを推奨している。

①対象顧客の選定

まずは、対象となる顧客（BtoBのビジネスモデルの場合）またはサプライヤー（BtoBtoXのビジネスモデルの場合）を選定するために、以下三つの情報を整理していただきたい。

【図表3-14】既存顧客の位置付け

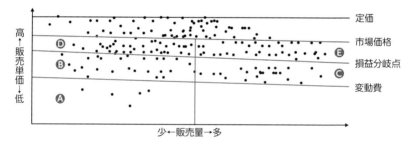

【図表3-15】位置付けの意味

分類	ID.	顧客の位置付け
不採算	A	・すぐに値上げ交渉をするべき ・値上げ交渉に応じてもらえない場合は契約解除するべき
固定費回収	B	・すぐに値上げ交渉をするべき ・オペレーションコストも踏まえ、解除も検討すべき
	C	・契約解除しない方向で、すぐに値上げ交渉をするべき
利益貢献	D	・市場価格まで値上げ交渉の余地あり ・更新時やオプション等で値上げ交渉をするべき
	E	・売上に与える影響が大きいため、更新時やオプション等で値上げ交渉をするべき

この3つの情報を整理し、プロットすることで、〈図表3-14〉のように、どの顧客がどのような位置付けにあるのかを可視化することができるのである。なお、すでに第2章で説明したビジネスDD分析を行っている企業はそれを利用してもらってもよい。

・自社の製品・サービス価格の構成（定価・損益分岐点・変動費/固定費）
・自社の製品・サービスの競合となる製品・サービスの市場価格
・自社の顧客またはサプライヤー別の売上（販売量×単価）

このように顧客の位置付けを明確にすると、D、Eのような「値上げをしたほうがよい顧客」だけでなく、A〜Cのような「値上げをしなくてはならない顧客」が見えてくる〈図表3-15〉。もちろん、既存顧客との関係性もあるため、どのセグメントに属するから対象にするというようなシステマチックな選定方法を推奨するわけではない。ただし、基本的にはID.A〜Cに対しては、値上げ交渉に臨むべきであろう。

このような分析可能なデータがそろっている企業であれば、改善への取り組みに向けた準備は非常にスムーズである。しかしながら、自社の損益分岐点や変動費を把握できていない企業も存在する。そのため、自社の損益分岐点を把握できていないようであれば、まずはそこから着手する必要があることは認識していただきたい。

②対象営業の選定

次に、対象となる営業員を選定する。そのために営業員ごとの販売実績（粗利率、総売上高）を整理していただきたい。〈図表3-14〉と同じような形式で、縦軸に粗利率、横軸に総売上高をプロットしていくことで、粗利額と総販売高のどちらも低い象限に位置する営業員が見えてくる。対象顧客の選定の結果と、対象営業の選定の結果を掛け合わせることで、企業の収益率の低下を招いている要因が何かを特定することができるであろう。

③交渉の準備

取り組みの対象となる顧客と営業員の組み合わせが決まったら、交渉の準備に入る。交渉結果の9割は、交渉準備で決まると考えるべきである。交渉準備とひと言でいっても、a.情報収集と分析、b.条件の整理、c.シミュレーションの三つのステップに分解することができる。a.情報収集と分析に関しては、す

でにQBRSフレームワークのところで触れたので、説明は割愛させていただく。

情報収集と分析が完了したら、b.条件の整理に入る。交渉を始める前に、交渉スタートの価格、販売条件（契約期間、サポート内容等）、交渉の目的等をしっかりと整理しておく必要がある。

　また、譲れない金額的な条件（ボトムライン）と絶対に受け入れられないその他の条件の二つを定義しなくてはならない。

　譲れない金額的な条件（ボトムライン）とは、自社の収益や今後の継続的な取引等を考慮した最低販売金額を意味する。絶対に受け入れられないその他の条件は、契約期間や保守・メンテナンスサービスの付帯等、今後の継続的な取引を考慮した際に自社に不利益をもたらす可能性のある条件を意味する。

　これら二つの条件は営業員個人で決めるのではなく、上長と入念な擦り合わせをした上で決定していくべきである。認識の共通を図るためにも、〈図表3-16〉で示すような形で整理しておくとよいだろう。

【図表3-16】交渉の準備

交渉目的	雰囲気・トーン・ポジション・パワーバランス
・交渉の目的・交渉で達成したいことを記載	・どのようなスタンスやトーンで進めるか、顧客との関係性等を記載
主条件	
既存の取引条件・マーケットの条件	理想の条件
・既存の取引条件を記載 ・既存の取引条件がない場合は、マーケットの条件のみ記載	・こちら側から提示する際に申し入れる条件を記載
ターゲットの条件	ボトムラインの条件
・目標としている金額を記載	・これ以上は譲れない金額を記載
オプション	
追加条件・譲歩条件	譲れない条件
・条件を譲歩したときや追加で要求が必要な場合に提示する条件を記載	・こちら側として譲れない条件を記載

　a.情報収集と分析、b.条件の整理が完了したら、c.シミュレーションを行う。既存顧客に対して価格交渉を行うことになるため、今回の価格改定に至った経緯の説明方法、事前に想定される質問や反論、交渉全体での駆け引き等を事前に洗い出し、対策を講じておく必要がある。事前に交渉のシミュレーションを行うことで、交渉の成功率が約30％アップすると見込まれる。

④交渉の実践

　交渉の準備が整ったら、実際の交渉に入っていく。

　交渉は1：提案、2：譲歩・条件交渉、3：合意の3ステップが基本である。しかし、前項で説明したb.条件の整理の結果によって、交渉のハードルの高さは大きく異なるだろう。また、値上げだから値下げだからということで、ビジネスにおける交渉の仕方そのものが大きく変わることはないのである。そのため、本項ではビジネスにおける交渉の際に気を付けるべきポイントをかいつまんで説明しておく。

・終始一貫した態度を取る

　交渉の場では終始一貫した態度を取ることが必要である。価格や条件をコロコロと変えてしまっては、顧客からの信用を失う可能性がある。安易なボトムラインの宣言をした後に、その後の交渉の中でそれを撤回することは禁物である。また、絶対に譲れない条件と伝えたり、対応できないと宣言したことに関しては、後から妥協したり変更することをしてはならない。このようなことが発生すると、顧客は交渉の場における言葉を信じなくなってしまうからだ。

・譲歩、合意をするタイミングを見極める

　最終的にはどこかで折り合いをつけ価格改定に至るわけではあるが、譲歩するタイミング、合意するタイミングを計るのは非常に難しい。あまりにも交渉期間が長引き、打ち合わせ回数が多くなると、顧客は「面倒な企業」だと感じてしまう。そのため、事前に打ち合わせの回数を制限し、スピード感を持って合意形成を図っていく必要がある。

・合意の条件・内容を再確認する

　交渉による口頭合意を得たことにより、あとは契約を締結するだけと胸をなで下ろす営業員もいるだろう。しかしながら、本当に合意できたのか、抜け漏れはないかを再確認する必要がある。すでに社内稟議を上げて決裁が取れた後で、合意していない箇所が見つかったり、考えている条件が異なっていたりしたために、契約そのものが流れてしまったというケースも珍しくないからだ。

コラム②　Depth（深さ）

Depthというのは、対象業務の内容・方向性・中身・レベルを深めて、コンテンツの充実を図ることを目的とする方法です。

引き続き「クライアントに商品遅延の件で連絡する」場面を例に用いて説明しましょう。

ここでは「謝罪の中身」が考える対象です。

当然、まずは商品遅延について謝罪の言葉を伝える必要があります。ただ、これだけでは先方は許してくれないかもしれません。対面して謝罪するのであれば、菓子折を持っていく、本来課金するはずの送料を無料にする、追加で損害金を支払う、などが考えられます。

メールであれば、どのような文面にするのかを考える必要があります。単に謝罪の言葉を繰り返すのではなく、「商品遅延が起きた理由」「商品遅延発覚後の対応」「今後このようなことが起こらないようにするための対策」「次回以降の取引について」など、中身を深めることを意識します。

基準になるフレームワークを活用する

Depth（D）の考え方は、会話や文章、プレゼンテーション、コンテンツ、提案など業務のあらゆる場面で生かすことができる一方、仕事の経験知や知識を必要とします。

仕事の経験知が少ない場合には、そもそもの深め方がわからず、つまずくことも多いでしょう。

そこでD（深さ）のクオリティを上げるために、さらに別のフレームワークを使ってみましょう。経験が浅いうちはこうしたフレームワークに頼りながら、まずは慣れていくことが成長への近道です。

例えばメールや会話の内容を深めたいのであれば、PREP法やSDS法があります。これらは結論→理由の順序で伝え、完結に話すための代表的なフレームワークです。

・PREP法
P：Point（結論）
R：Reason（理由）

E：Example or Evidence（具体例や理由の根拠）

P：Point（再び、結論。場合によっては不要）

・**SDS法**

S：Summary（全体の概要）

D：Details（詳細の説明）

S：Summary（全体のまとめ）

　資料やスライドを作成するのであれば、ロジックツリーを意識する必要があります。ロジックツリーというのは、書籍のようにタイトル、目次、詳細という流れを作ったり、ピラミッド構造で大項目から中・小項目の順に深めていったりする方法です。物事を考えるときに、漏れや重複がないように意識をしながら、上位概念を下位概念に分解して、思考を深めていくための方法だと言えるでしょう。

　また、新規ビジネスの企画書であれば、「誰に何を提供するのか」を軸にして中身を深めるビジネスモデルキャンパスや、一般的に押さえるべきだと言われている「状況→課題→目的・コンセプト→内容→スケジュール」などが活用できます。

　まずは奇をてらわず、既存のフレームワークを活用してみてください。

基本を押さえてから深めていく

　大切なのは、これらのフレームワークで基本を押さえながら、もう一段深めるための工夫をすることです。その一つに「考える対象に質問を繰り返す」という方法があります。

　例えば謝罪文を書く場合であれば「いちばん謝罪しないといけないことって何？」「謝罪だけでいいの？」「他に配慮しないといけないことはないの？」と、問い掛け続けます。

　企画書であれば「いちばんの売りはどこ？」「いつから利益が出るの？」「どのくらい投資金額が必要なの？」「競合はいないの？」「競合がいても勝てる理由は何？」といった感じです。その質問に答えていくことで、中身にどんどん深みが増していきます。

　質問すらも思い付かない場合には、その分野に詳しい人に直接聞くことをお勧めします（もちろん、その分野への基礎知識を身に付けたり多くの事例に触

れたりしながら、質問力を高める努力も必要です）。上司や有能な同僚・部下、社外の人など、時間があればできるだけ多くの人にコメントをもらうことで、より内容はブラッシュアップされ、客観性が増し、深みが出ます。

第**4**章

法人
営業戦略

1　セールスマネジメントにおける法人営業戦略とは

第2章ビジネスDDでは主に"現実的に短期で埋めることができるギャップ"を特定する手法を紹介した。続く第3章では「顧客数×販売商品数×単価」における単価のギャップを解消するプライシング手法を紹介した。そして、本章では「顧客数×販売商品数×単価」における顧客数ならびに販売商品数のギャップを解消する法人営業戦略を紹介する。

　弊社が実践してきたセールスマネジメントは、現状のギャップの解消による短期の売上・利益拡大を目的としている。

　一般的に、法人営業戦略が示す範囲は法人営業において、リソース投下先を示し、売上・利益拡大までの目標とそれを達成するための計画と施策を明らかとするまでである。ただし、このような計画を地に足の着いた形式で示すことは簡単ではない。なぜなら、営業企画、営業現場、経営企画等、様々な機能が関連するこの領域において、全体像を把握し、実現可能なレベルで計画と施策に落とし込むことが非常に困難であるからである。

　弊社が実践している「法人営業戦略」はこれらの問題の解消にフォーカスし、大きく二つの手法を用いる。以下に、それらの手法を紹介する。

　一つめはリソースの投下先を特定する手法として弊社独自のターゲティングである。この手法のゴールは、"特定"と"絞り込み"であることから、以降「ターゲティング」と表現する。二つめは営業機能を底上げするための手法である。具体的には会社全体の数字目標を営業員個人単位まで落とし込み、実行していくための体制やツールを整備し、継続的なモニタリングを通じて成果創出を図る。以降「法人営業マネジメント」と表現する。

　前述の二つの手法について、それぞれゴールを整理すると以下の通りである。

＜ターゲティング＞
・市場：注力すべき市場（業種・業界）が特定できている状態
・顧客：市場を踏まえ、注力すべき顧客（企業）が特定できている状態

・優先順位：これまでの検討を踏まえ、実行する順番が明確になっている状態

＜法人営業マネジメント＞
・計画：取り組みを推進するための体制が整備された状態
・実行：売上・利益を向上させるための仕組みが作られた状態
・モニタリングならびに改善：成果が創出されている状態

　法人営業戦略において本当に重要なのは、「ターゲティング（リソースの投下先を特定する手法）」と「法人営業マネジメント（実行できる営業組織を整備するための底上げ手法）」の2つの手法によってはじめて成果創出につながる一連の流れが構築されることである。
　企業が売上・利益拡大に向けて重要視する点をアンケートしたところ〈図表4-1〉、1位は「営業戦略・施策」、2位は「価格設定」、3位は「営業担当の育成・スキルアップ」という結果になった。
　営業戦略・施策を立案せずに、やぶから棒に営業活動をしていっても、期待するような成果を創出することができないというのは共通の認識であろう。そのため、営業活動の根幹となる部分がもっとも重要であると考えるのは、至極当然のことであろう。

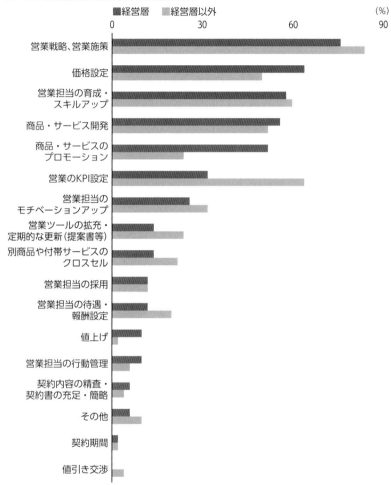

【図表4-1】企業が売上拡大に向けてもっとも重要視する施策
(N=100(経営層50, 経営層以外50);複数回答*)

■経営層　■経営層以外　　　　　　　　　　(%)

営業戦略、営業施策
価格設定
営業担当の育成・
スキルアップ
商品・サービス開発
商品・サービスの
プロモーション
営業のKPI設定
営業担当の
モチベーションアップ
営業ツールの拡充・
定期的な更新(提案書等)
別商品や付帯サービスの
クロスセル
営業担当の採用
営業担当の待遇・
報酬設定
値上げ
営業担当の行動管理
契約内容の精査・
契約書の充足・簡略
その他
契約期間
値引き交渉

*注釈：最大5つまで選択

第4章　法人営業戦略

2 ターゲティング
──リソースの投下先を特定する手法

前述のアンケートからターゲットの見直し、ならびに営業施策の見直しについて、意思決定者、見直しの有無、見直しの頻度、見直しの結果の四つの観点から調査を行った。ここでは、その調査結果を紹介する。

ターゲティングの実態

　一つめは、どの役職者が意思決定者となっているかを調査した〈図表4-2〉。ターゲットの見直しにおいては、約40%が事業本部長格以上、約36%が課長〜部長クラスが意思決定者となっており、上層部と現場レベルでの意思決定者の割合はほぼ同数といえるだろう。当然、企業規模によって事情が異なるため、単一の比較をすることが難しいのはわかっているが、事業本部長格以上が、ターゲット・営業施策の見直しの意思決定者となっているのは4割程度であるという点は注目すべき数字ではないだろうか。

　本来、経営戦略の観点から見直しをしなくてはならないテーマであるにもかかわらず、現場レベルの意思決定で大方針が決定されてしまっているケースが

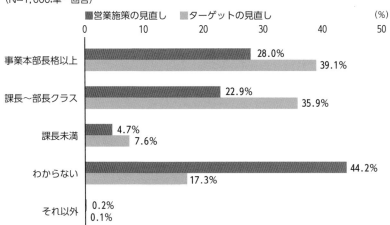

【図表4-2】ターゲットならびに営業施策における見直しの際の意思決定者
(N=1,000;単一回答)

多い。ターゲットを見直すことや、実行する施策を見直すことは売上・利益拡大に直結する重要なテーマでありながら、その判断が現場に委ねられている状態は避けるべきであろう。

　営業施策に関しても、ターゲティングと意思決定者の傾向は類似しているものの、より現場に近い営業施策に対しての関与率は増加する傾向が見られる。ターゲット・営業施策いずれにおいても、全体の約2割の企業では誰が意思決定者なのかわからない状況となっている。そのため、どのような背景・経緯で、ターゲティング・営業施策の見直しがされているのかが見えてこない。そもそも、見直ししているかどうかさえも把握できていない状況にあるのではないだろうか。

　二つめは、経営戦略の重要な要素となるターゲットの見直しを直近3年間で行ったかを調査した〈図表4-3〉。いずれの業種においても「必要性を感じているものの、行ったことはない」及び「そもそも見直しの余地がない」と回答している企業が多い。この回答から、「やり方がわからない」「やることを考えたことがない」という企業も多いのではないだろうか。

【図表4-3】製品・サービスの販売先に関する直近3年間におけるターゲットの見直し状況
（N=1,000;単一回答）

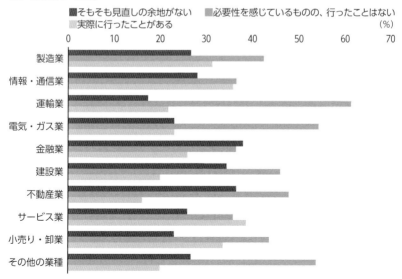

「必要性を感じているものの、行ったことはない」原因の多くは見直しの検討ステップが不明瞭なことや、各検討ステップでどのように進めればいいのかわからないということが挙げられる。

　一方、競合他社や身近な関係先の動きを見ているとターゲット（顧客）・施策の見直しを行っているように見えないが、着実に売上拡大を実現している企業は少なくともターゲットの見直しを行っている場合が多い。

　三つめは、ターゲットの見直しを行っている企業（有効回答数294社）を対象に、課長以上、課長未満それぞれでの見直し頻度について調査をした〈図表4-4〉。

【図表4-4】ターゲットの見直しを「実際に行ったことがある」企業における、見直しの頻度

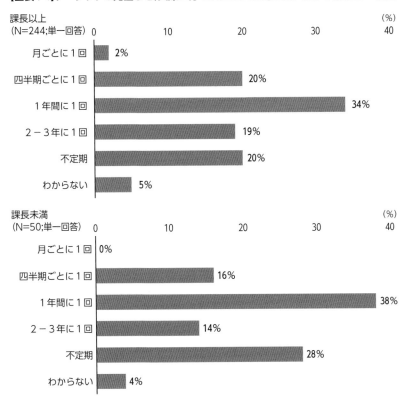

*注釈：「不定期」＝特にサイクルは定めておらず、業績不振が一定期間続くと都度見直しを実施

〈図表4-2〉で示した通り、課長未満が見直しに関する意思決定者である企業は非常に少数であった。そのため、役職別での見直し頻度にはほとんど差異がない結果となっている。課長以上の回答に限ると、見直しの頻度としては、1年に1回という企業の割合が34%ともっとも多い。次に四半期、2〜3年に1回、不定期での見直しをしている企業がそれぞれ約20%という結果となっている。

　四半期に1回と1年に1回の回答数を合計すると過半数以上になるため、多くの企業は高い頻度でターゲットの見直しをしているといえるだろう。

　四つめは、ターゲットの見直しを行った企業に、見直し後の結果（業績推移）について調査を行った〈図表4-5〉。ここでは、ターゲティングの見直しに対して意思決定できる課長以上のみを対象としたデータを集計している。

　見直しの頻度が1年以内である企業に関しては、どの企業も順調に業績を伸ばすことができているといえるのではないだろうか。必要に応じてその都度見直ししていると回答している企業は、適切なタイミングで見直しをすることができておらず、結果として順調な成長をすることができてないと考えられる。

　一方で、見直しの頻度が1年以内である企業に関しては、業績が低下している割合も多いことが目に付く。積極的なターゲティングの見直しをしているも

【図表4-5】ターゲットの見直しを「実際に行ったことがある」企業における、見直しの結果
課長以上（N=244;単一回答）

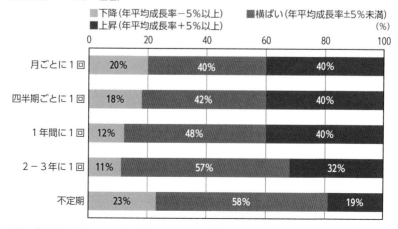

*注釈：「不定期」＝特にサイクルは定めておらず、業績不振が一定期間続くと都度見直しを実施

のの、それに対する手法が間違っているため、成果に繋がっていないといえるのではないだろうか。

この調査結果から、ターゲティングの積極的な見直しは、業績を伸ばすことに大いに寄与する。しかしながら、その見直し方法を間違えると、かえって業績を低下させる要因となり得るということが見えてくる。次節からは、正しくターゲティングを見直し、業績を向上させていくための手法を紹介していきたい。

ターゲティングの手法

ターゲティングを実施するにあたって、まずは自社のビジネスモデルを鑑み、ターゲティングの余地を整理する。これまでの弊社の支援実績から、8パターンのビジネスモデルに分類できると考えている〈図表4-6〉。

これらのパターンで示すように、特定の業界・業種や扱う製品・サービスによっては、そもそもターゲティングする余地がない。特定の業界・業種に特化した製品・サービスを提供している場合は、自社が保有しているどの商材を優先的に拡販していくかが主要な検討事項になるだろう。主力となる製品・サービスが限定的である場合は、どの市場またはどの顧客に対して優先的に拡販し

【図表4-6】ターゲティングの余地

【凡例】
○：要検討　×：検討の余地なし

検討観点		①	②	③	④	⑤	⑥	⑦	⑧
					整理パターン				
	市場	×	×	○	○	○	×	○	×
	顧客	×	○	×	○	×	○	○	×
	商材	○	×	×	×	○	○	○	×
該当例		MR	事務代行(BPO)	総合卸	リース	会計ツール	食品加工	保険	工作機

ていくかが主要な検討事項になるだろう。

　このように、自社の状況に応じて、検討しなくてはならないポイントを明確にすべきだが、"現実的に短期で埋めることができるギャップ"を解消し、売上・利益を向上するためにはすべての要素を検討する必要はない。むしろ、必要な検討にだけ時間を割くことで、早期にPDCAサイクルを回せるようになるのである。

　本書では、すべての検討要素に対して、検討手法を記載しているため、前述のビジネスモデルのパターンをあてはめて、必要な部分だけをかいつまんで参照していただきたい。

　なお、本章において、商材は自社での既製品・サービスを前提としており、新商材については割愛させていただく。新製品・サービスを市場に投入することで新たな市場を開拓できることは間違いないが、新製品・サービスの市場への投入は、R&D領域に大きく影響され、市場投入までに要する期間が長期的であるケースが多い。それだけでなく、既存製品との事業/商品ポートフォリオの再構築の検討にまで話がおよぶ可能性もある。

　第1章でも取り上げたが、弊社ではこのような中長期にわたる取り組みを、グロースプランニングと定義し、本書で取り扱っているセールスマネジメントとは一線を画したサービスと定義していることを改めて付言しておきたい。

　そこで、ターゲティングの手法を三つのステップで進めてみよう。

　ステップ1は現状の分析で、どの市場にどのチャネルで売上を獲得できているかの構造を把握していく。各市場に対して、アップセル、クロスセル、新規開拓のどの手法を適用し、短期間での売上・利益拡大をめざせるかを見定めていく。

　ステップ2は市場の絞り込みと施策立案で、市場に存在する顧客像を明確にし、自社が現実的に狙える/狙いたい顧客にアプローチするための施策を詳細化していく。

　ステップ3は実行の検証・絞り込みで、立案した施策を少数のサンプルに対して実行していき、顧客の反応や施策の実施結果を踏まえて最終的なターゲットを決定していく。

・ステップ1　現状の分析

　ビジネスDDのアウトプットの一例である〈図表4-7〉のように、自社の製

品・サービスが各業界・業種においてどのくらいのシェアを獲得できている
か、どのようなチャネルによる売上が多いかを可視化する。

　具体的にはITサービスという括りを活用した場合、相応の企業数が出てくる
が、その中で、セキュリティ商材、さらにはネットワークセキュリティ商材と
いうような形で、最小粒度まで分解していくと、自社の適切なシェアを把握で
きる。また、チャネル別に分解すると、この先の施策の検討に向けてより有益

【図表4-7】ビジネスDDのアウトプット例

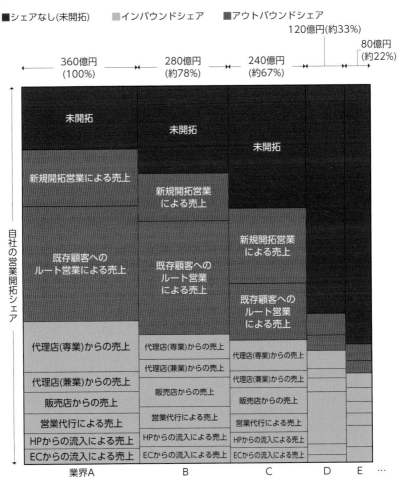

な示唆を得ることができる。

　ここで言うチャネルは、インバウンドとアウトバウンドに大きく分けることができる。インバウンドは、代理店、販売店、営業代行、HPからの問い合わせ、ECサイト等が挙げられる。アウトバウンドは、既存顧客へのルート営業と直接の新規開拓営業等が挙げられる。ここでの区分は一般的なものであるため、自社にとって最適な区分に整理する必要がある。

　一例を挙げると、代理店を区分する際に、専業代理店と兼業代理店で分類することや、代理店を契約しているマージン率で分類することなどが考えられる。このように、可能な限り細分化していくことで、自社にとって本当に価値のあるチャネルはどこなのかということをより鮮明に把握できる。

　ここまでの分析で、どの業界・業種に対して、どのチャネルを通じてシェアを獲得できているか、また、どの業界・業種においてはシェアの獲得が低いかが明確になった。自社がシェアを獲得できていない領域が、開拓の余地がある領域の一つと言えるが、必ずしもシェアを獲得できていない領域＝短期で売上拡大をめざす領域ではない。

　前述の通り、市場に対してはアップセル、クロスセル、新規開拓の三つの手法が存在するが、業界・業種の特徴や提供している製品・サービスの特徴によって、とるべき手法が大きく変わってくる。

　そして、分析結果をどのような観点で見るかによって、得られる示唆は何通りも得られる。以下に例示する考え方（例）を参考に、分析が完了した段階で、意思決定に関わるメンバーも含めた議論の場を設け、その場で方向性を定めた上で、次のステップに進めていただきたい。

＜市場選定の考え方（例）＞

　よく挙がる議論として、市場シェアの低い業界のシェア率を高めるほうが効率的なのか、すでに高い市場のシェアを獲得できている業界の残りのシェアを埋めるほうが効率的なのか、というものがある。残念ながら、企業の状況に応じて異なる、という回答にとどまってしまいがちだ。

　これまで一度もアプローチしていないが、自社製品・サービスを十分に魅力的に感じてもらえる業界・業種があるのであれば、シェアの低い業界・業種を開拓することが効率的であろう。同業他社での導入実績を訴求することが非常に効果的な業界・業種であれば、すでに高いシェアを獲得できている業界・業種を深掘りすることがより効率的であろう。

＜手法選定の考え方（例）＞

　手法の選定に関しては、提供している製品・サービスの特徴に大きく依存してしまう。例えば、SaaS型のITサービスを提供している企業の場合は、上位プランへの誘導によるアップセルやアカウント数を増加させるのが効率的であろう。専門商社や卸売り等の多品種・大量商品を扱う企業の場合は、既存顧客へのクロスセルが効率的であろう。業界内でブランドを築くことができている企業の場合は、他社での導入実績等を活用した新規開拓が効率的であろう。

　また、一部、チャネルの観点でも検討が必要な場合もあるため、補足しておく。代理店経由での売上を獲得している場合、代理店がどの顧客に販売しているのかを把握できていない、または、顧客と直接話をしたことが無い場合もあるだろう。そのような場合は、一般的なアップセル、クロスセルの手法は有効とはなり得ない。

＜チャネル選定の考え方（例）＞

　特に新規開拓の場合に顕著であるが、どのチャネルが有効かを分析する際は、過去の取り組み等も踏まえて判断する必要がある。例えば、代理店の比率が高い場合、過去に積極的な代理店開拓を行った結果、現在高いシェアを獲得できている可能性がある。その場合、もう一度積極的な代理店開拓を行ったとしても、得られる効果は少ないだろう。

　同様に、過去にダイレクトでの開拓を進めた結果、ダイレクトでのシェアが非常に高いケースもある。そのため、ダイレクトでアプローチできる企業はすべてアプローチしてしまい、これ以上は開拓を見込めないという状況に陥っている企業もあるだろう。

・ステップ2　市場の絞り込みと施策立案

　前節の現状の分析で、以下のような業界に対する方向性が出てきた場合を考えてみよう。

①業界Ⅰ、Ⅱに対してはアップセルが良さそうである

②業界Ⅲ、Ⅳに対してはクロスセルが良さそうである

③業界Ⅴ、Ⅵに対しては新規開拓が良さそうである

　豊富に営業員を抱え、すべての方向性に対して営業員を割りあてられるような企業であれば、すべての方向性を取り組むことも方針としてはあり得るだろう。

しかし、大多数の企業ではそのような余力がない。また、余力があったとしても、すべてやってみるという方針では、効率的な営業活動とはなり得ない。それどころか、かけた工数や必要経費を差し引いた結果、取り組みそのものがマイナスの成果を生むという状況に陥る可能性もある。

　そのため、方向性に優先順位を付け、着実に成果を創出していくための手法を説明していく。なお、説明は①アップセル、②クロスセル、③新規開拓の順としているので、必要な部分だけ参考にしながら読み進めていただいても問題ない。

【既存顧客へのアップセル】

　アップセルとは「A:売っているものを増やしてもらう活動」ならびに「B：すでに購入している製品・サービスより高価格の商材を購入してもらい単価を向上させる活動」と定義している。

　Aに関しては、人工で計算できる業務委託サービス、食品、消耗品等が挙げられる。該当製品・サービスの顧客内での使用量を増加させるか、競合他社から顧客内のシェアを奪い取るしかない。

　Bに関しては、SaaS型のITサービス、PCやプリンター等のオフィス機器、工場設備等の業務用機器等が挙げられる。特に入れ替えのタイミングやサービスをアップデートした際には、アップセルの提案の好機といえるだろう。

　ここでは、既存顧客からアップセルするためのポイントを仮に小売業だとした場合で説明しよう。

　最初に、自社の商品がどの顧客に売れているのかを可視化していく。この可視化においては、商品・顧客それぞれの売上規模は問わずに、すべてを網羅することが望ましい。何よりも、何がどこに売れているのかを横並びで比較できる状態にすることが目的だからである。

　自社の販売状況を、〈図表4-8〉のように可視化することが理想である。自社製品の販売状況に関しては、自社の売上データから取得できるため、最低限そこまでは整理したい。競合製品の販売状況に関しては、顧客のバイヤー等と情報交換できるような関係性にあれば取得できるが、取得できない場合は、当該情報を無いものとして検討を進めていっても問題ない。競合の社名はわからないが競合であることに違いないからである。

　次に、〈図表4-8〉から読み取れることを説明していきたい。

　まず、競合が明確にわかっているケースである。顧客①に関しては、高価格の商品かつ一定量を販売できており、売上に大きく貢献している顧客といえる。しかしながら、低価格帯の商品はすべて競合にシェアを奪われているため、低価格製品も提案することで売上を向上させる余地があると考えられる。顧客②に関しては、高価格、中価格のどちらも競合にシェアを奪われてしまっているが、高価格帯の競合のシェアをひっくり返すことが非常に効率的なアプローチ先となる。

　次に、競合が不明のケースである。顧客③、④のどちらも競合がどこかわからないため、どのような製品を売っているかも不明だ。しかし、顧客③は高価格商品を販売できているため、自社商品に対する満足度は高い可能性がある。そのため、中価格、低価格商品の提案をすることで、シェアを獲得できる余地が十分にあると考えられる。顧客④に関しては、自社商品が入り込めておらず、かつ、競合情報もわからない状況である。顧客との関係性も薄いことが推測されるため、優先順位を落とし、注力対象からは除外すべきである。

　以上のように簡単な例に基づき、アップセルにおけるターゲティングの考え方を説明したが、実態はもっと複雑であり、考慮しなくてはならない要素も多岐にわたる。ただし、既存顧客との商談には大きな工数がかからないため、アップセルの取り組みを習慣化することは意識していただきたい。

【図表4-8】商品の顧客への販売状況

括弧内は売上

商品		顧客				
分類	詳細	顧客① (競合明確)	顧客② (競合明確)	顧客③ (競合不明)	顧客④ (競合不明)	…
ZZ関連	高価格	自社商品 (1億円)	競合商品 (0.7億円)	自社商品 (0.8億円)		…
	中価格		競合商品 (0.6億円)			…
	低価格	競合商品 (0.3億円)	自社商品 (0.3億円)			…

【既存顧客へのクロスセル】

　クロスセルとは「関連商品を併せて購入してもらうことで単価・購入点数を向上させる」活動と定義している。本書では都合上、アップセルとクロスセルを分けて記載しているが、前述のアップセルと類似した分析を通じて、クロス

セルのターゲティングをしていくことが可能である。また、実際の営業活動の中では、アップセルとクロスセルを切り分けないほうが効率的であるため、片方だけを実施するのか双方を実施するのかは、営業組織や営業員を鑑み、検討していただきたい。

　ここでも、ターゲットとする業界・業種を仮に小売業だとした場合の例で説明をしていきたい。

　アップセルのときと同様に、自社の商品がどの顧客に売れているのかを可視化していく〈図表4-9〉。この可視化においては、商品・顧客それぞれの売上規模は問わずに、すべてを網羅することが望ましい。何よりも、何がどこに売れているのかを横並びで比較できる状態にすることが目的だからである〈図表4-9〉。

　なお、クロスセルの分析をする場合は、商品軸、顧客軸それぞれで見ていくことが有効である。

〈図表4-9〉を商品軸で見た場合、商品A、C、Eに関しては、同業界内で多くの企業に販売できているにもかかわらず、Aは顧客④にだけ販売することができていない。同業界内で多くの企業での販売実績があるということは、顧客④にとっても、魅力的な商品である可能性が高い。商品Cについても同様のことが言える。次に、商品B、Dであるが、この商品は同業界内での販売実績は乏しいと見ることができる。たまたま顧客とのニーズが強く合致した結果、販売できている可能性が高いと考えられる。

【図表4-9】商品の顧客への販売状況

商品	顧客					
	顧客① (競合明確)	顧客② (競合明確)	顧客③ (競合明確)	顧客④ (競合不明)	顧客⑤ (競合不明)	…
A	●	●	●		●	…
B			●			…
C	●	●	●		●	…
D	●					…
E	●	●	●		●	…
F	●		●		●	…
…	…	…	…	…	…	…

　このように商品軸で横並びに比較する際、どの商品が同業界内で売れていて、どの商品が同業界内で売れていないのかを可視化することで、クロスセルの余地が見えてくる。実は、顧客ごとに営業員が決められている場合、同業界内であっても、他社での販売実績を正確に把握している営業担当は少ないのである。

　次に、顧客軸で見た場合、商品軸と同様の考え方で見ていけば問題はない。顧客①に関しては、大多数の自社製品を販売できているにもかかわらず、商品Bだけが販売することができていない。

　商品軸で見た際に、商品Bは顧客③のニーズに強く合致した結果であると述べたが、顧客軸で見ていくと、その結論が変わる可能性もある。商品軸で見た結果と、顧客軸で見た結果のどちらを正とするかは、個社事情で異なる。仮に顧客①の営業担当が顧客①と強い関係性を構築できているのであれば、商品Bのクロスセルを十分に狙うこともできるだろう。一方で、商品Bがその業界においてニーズの弱い商品であれば、商品を廃番かリニューアルを検討すべきであろう。他の顧客③に関しては、販売実績ベースでは多少劣るものの、顧客①と同様の結論を出せるだろう。顧客②に関しては、営業担当から定性情報を仕入れた上で、クロスセルの余地がないかを再度検証することが求められる。

　簡単な例を挙げ、クロスセルにおけるターゲティングの考え方を説明したが、アップセルと同様に、実態はもっと複雑である。ただし、こちらも既存顧客との商談は追加工数が発生しないため、既存顧客との商談の際にはクロスセルの取り組みを習慣化することも必要である。とはいえ、商品ごとに営業員が決まっている場合はその限りではない。

【新規顧客開拓】

　これまでは、既存の顧客基盤を活用して、効率的に売上を向上させる手法について説明してきた。ここからは、新規顧客の開拓について説明していく。

　既存顧客とは異なり、自社で保有している販売データ実績やこれまで構築してきた関係性等がないなかで検討を開始することになるため、アップセル、クロスセルよりも難度が高くなる。ここではターゲットとする業界を仮にヘルスケアとしたケースで説明をしてみたい。

　最初に、ヘルスケア業界に存在する顧客の全体像がどのように分類できるのかを検討した上で、適切な粒度で分類していく必要がある。ヘルスケア業界とひと言でいっても、医療機関、介護施設、フィットネスジム、保険サービス

等、様々な分類が考えられる。ここで留意していただきたいのは、ヘルスケア業界に特化した設備機器や用具、IoTサービス等を提供している企業はヘルスケア業界だけに該当させるのではなく、設備機器や用具であれば、製造業や販売卸等に該当し、IoTサービスであれば、製造業（IoTデバイスの場合）やITサービス等にも該当する点である。

　このように分類した顧客の全体像の中から、深く分類していくことで、その市場に存在する顧客像というものが明確になってくる。ただし、分類したすべての業界・業種に対してもう一段または二段深く分類していかなくてはならないかというと、そうではない。どのタイミングで検討の対象となる分類を絞り込んでいくかは、その業界・業種に対して深い知見を保有しているかや外部から情報を取得することが可能か等の条件によって異なる。

　公示情報ベースで、規模の差が数十倍はありそうだとわかったにもかかわらず、規模の小さいものに対して深掘りをする必要はない。一方で、これらの情報をまったく取得できない場合は、ある程度、同じ粒度で検討を進めていく必要がある。どちらの状況であったとしても、定量情報や定性情報がある程度そろってきた段階で、検討の対象外とすべき業界・業種に対して早々に見切りをつけてしまうほうが良い。

　ここからは、前述したヘルスケア業界を分類し、対象となり得る顧客の総数を大まかに調査した結果、ヘルスケア業界の中でも医療施設か介護施設のどちらかがターゲット候補として望ましいという結論が出たという前提で話を進めたい。医療施設とひと言でいっても、公営/民営のような運営母体の違い、病床数に基づいた病院規模の違い、提供する医療サービスによる施設名称の違い等でさらに分類していく必要がある。このような分類をしていく最終的な目的として、最小粒度で顧客像を定義したときの顧客特性を正確に把握することが挙げられる〈図表4-10〉。

　顧客特性とは何かということを説明するために、医療施設または介護施設に対するターゲティング手法の事例を交えながら説明を進めていきたい。医療施設ならびに介護施設に対して詳細な分析をした結果のイメージを〈図表4-10〉にまとめた。なお、分析結果として記載している内容はサンプルであるため、実態と異なる部分もあることにご留意いただきたい。

　まずは、自社が提供する製品・サービスにどういうニーズがあるのかを把握しなくてはならない。ニーズの無い業界・業種に対してどんなにアプローチし

ても、結果が伴わないのは容易に想像できるだろう。次に、なるべく売上規模の大きな顧客にアプローチしたほうが効率的であるため、分類ごとにどの程度の売上を見込めるのか推計する必要がある。その次に、営業のタイミングを見定めるために予算の有無とその予算の作成時期を把握する必要がある。

そもそも論として予算が決まっている場合、どんな良い製品・サービスを持っていったとしても、契約にまで至ることは至難であろう。臨時予算を獲得することによって契約まで至ることもあり得るかもしれないが、そのような例はごく稀である。予算を作成している場合は、次年度の予算に自社製品・サービスを契約するための金額を盛り込んでもらう必要がある。そのため、自社製品・サービスの契約までに要する標準的なリードタイムから逆算し、アプローチするタイミングを決定することができるようになる。

最後に、契約関連について把握しなくてはならない。予算編成のタイミングに合わせてアプローチ時期を決定すると述べたが、自社製品・サービスの契約までに要する標準的なリードタイムよりも顧客側の検討期間のほうが長い場合は、顧客側の検討期間から逆算する必要がある。また、それに関わる最終的な意思決定者が誰なのかも把握する必要がある。意思決定者以外の人に積極的に

【図表4-10】医療施設ならびに介護施設の顧客像の可視化（イメージ）

分類	運営	施設詳細	営業効率		予算		契約
			ニーズ	想定	有無	作成	検討期間
					購入量	時期	
医療施設	公営	病院	高	多	有	12月	長
		一般診療所	低	中	有	12月	中
	民営	病院	高	多	有	病院による	長
		一般診療所	低	中	無	病院による	中
		歯科診療所	中	少	無	病院による	短
介護施設	公営	特養	低	中	有	12月	中
	民営	有料老人ホーム	中	中	有	施設による	中
		認知症高齢者グループホーム	高	中	有	施設による	中
		サ高住	高	中	有	施設による	中

提案をし、契約の内諾をもらったにもかかわらず、最終意思決定者に覆されてしまうというのはよく聞く話である。そのため、可能であれば最終意思決定者に初期段階から商談の場に参加してもらえるようにことを運ぶのが望ましい。

　ここで説明してきた顧客像を把握するための観点は、あくまで一例である。その業界の商慣行や商流等、複雑な条件が多く存在することが一般的だろう。しかしながら、これらの観点で顧客像が把握できたら、自社で想定している取り組みの目標金額や時間軸等から総合的に判断していくことで、対象とする顧客像が選定できるようになるのである。

【その他新規顧客開拓における重要検討事項】

　新規顧客開拓におけるパートでは説明を割愛したが、新規顧客のターゲティングをする前に、内部で自社製品・サービスの訴求ポイントを改めて定義しておくことを推奨したい。ここで言う定義とは、誰が説明して誰が聞いても認識に齟齬が生じないレベルまで落とし込むことを意味している。そのようなことは十分にできていると思う読者も多いだろう。しかし、本当に十分にできているかを今一度考え直していただきたい。

　弊社が支援している中で、製品・サービスの訴求ポイントを確認すると、「高い品質」「低価格」「市場での認知度」「多様な機能」等の言葉をよく耳にする。また、それらの言葉が提案書やトークスクリプトに盛り込まれて、営業活動でも活用されていることが多い。言葉としては間違っていないのだが、それらの言葉は何を意味するのか、という部分を深く追求すると、回答者によってその内容が大きく異なることがある。

　「高い品質」であれば、どの製品と比較してなのか、対象とする業界・業種で求められる水準と比較してなのか等、様々な疑問が生じる。特に新規開拓の場合は、リードを獲得することですら難度が高いため、自社製品・サービスを端的かつ明確に伝えられるようにしておかなくてはならない。

　また、自社製品・サービスの訴求ポイントを明確に定義することで、これまで見えていなかった営業活動の活路を見いだせる。特定の業種・業界に対して製品・サービスを提供し続けてきた、ある企業では品質が高く、高価格帯の製品・サービスであることを訴求して営業活動を続けていた。しかしながら、別の業界・業種の標準レベルと比較した際、品質が高いことは変わらなかったが、自社の製品は低価格帯であることがわかったのである。

　この気付きから、業界・業種ごとに訴求ポイントを変えながら営業活動をすることで、これまで以上の売上を上げることができたという事例もある。新規顧客獲得のターゲティングをする際にも、分類ごとに自社・製品サービスの訴求ポイントを再定義することで、ニーズ有無の評価が大きく変わる可能性もある。

【施策の立案】

　冒頭で提示した六つの業界の方向性の中から、三つの業界の方向性に対してターゲティングが完了したという状況を想像していただきたい。
　その結果は、以下の通りである。
①業界Ⅰ、Ⅱに対してはアップセルが良さそうである
→業界Ⅰを積極的に攻めるべきである
②業界Ⅲ、Ⅳに対してはクロスセルが良さそうである
→業界Ⅲを積極的に攻めるべきである
③業界Ⅴ、Ⅵに対しては新規開拓が良さそうである
→業界Ⅴを積極的に攻めるべきである

　この決定したターゲットに対して、具体的にどのようにアプローチをして、売上を上げるかを詳細化していくのが施策の立案である〈図表4-11〉。施策という言葉に関しては、企業ごとに若干の定義が異なるだろう。
　「何のために、誰に対して、何をやるか」ということを、本書においては施策と定義したい。例えば「直接営業での売上を毎年10％向上させるために、意思決定者に対して、直接訪問する」「代理店経由での売上シェアを5％上げるために、専門商社に対して、代理店契約を年間5社締結する」「Web経由での売上年間5000万円増加のために、意思決定者に対して、SNS広告を展開する」といったことをイメージしていただければと思う。
　この定義に基づいたとき、アップセルとクロスセルは「既存顧客からの売上を上げるために、既存顧客に対して、アップセルを提案する」という定義が成り立つ。より詳細化することで、どの製品・サービスを提案するか、どのタイミングで提案するか等の検討事項は残るものの、当該領域に関しては可能性がある顧客に対しての営業活動を実行するのみとなる。そのため、ここでの施策の立案は、新規顧客開拓に焦点を絞って説明をしていく。
　新規顧客開拓のために、まずは何よりもリードを獲得することが必要になることは言うまでもないだろう。リード獲得後の進捗をどのように管理していくか、初回訪問後の受注率をどのように向上させていくか等に関しては、後述の

法人営業マネジメントのパートで説明するため、ここで検討する施策では新規顧客開拓に向けたリード獲得の手法である。以下に、その手法を紹介する。

　まず、「何のために」という部分を整理していく必要がある。「何のために」は言い換えれば、「何をゴールにするか」である。ステップ1の現状の分析でも簡単に触れた、インバウンドとアウトバウンドそれぞれのチャネルを細分化して整理していくとわかりやすいだろう〈図表4-11〉。アウトバウンドに関しては、直販に限定されるので、これ以上の議論の余地はない。インバウンドに関しては、様々な細分化の仕方があるため、どのように細分化するのかに正解はない。ここでは、インバウンドをWeb経由とWeb経由以外に細分化していきたいと思う。そのように整理していくと、〈図表4-12〉に示すように、それぞれに対してより詳細なチャネルが明確な状態となる。ここで明確にしたものが、「何をゴールにするか」に該当するのである。

　続いて、「何をやるか」を整理していく。この部分に関しては、検討が必要なものとそうでないものがある。例を挙げると、代理店での売上を向上させることをめざすのであれば、代理店を開拓していくこと以外に方法はない。直販で売上を向上させる場合においても、同様である。しかしながら、Web経由での売上を向上させる場合は、SNS、ECサイト、広告等、具体的な掲載場所まで検討しなくてはならない。

　最後に、「誰に対して」を整理していく。ここでも、「何をやるか」と同様に、検討が必要なものとそうでないものが出てくるのである。Web経由での売上を向上させる場合は、「これまで誰を」ということが難しい分野であった

【図表4-11】 施策の立案に向けた検討の対象

大分類	中分類	小分類	何のために	誰に対して	何をやるか
アウトバウンド			●	●	
インバウンド	Web経由		●		●
	Web経由以外	人経由 (代理店等)	●	●	
		人経由以外 (新聞等)	●		●

120

【図表4-12】 新規開拓営業における、インバウンドの観点での
「何のために(何をゴールにするか)」整理例

が、昨今のIT技術では病院の院長や代表をピンポイントにターゲットにすることが可能になりつつある。

　代理店や販売店等の第三者を活用して売上を向上させている企業も多いだろう。代理店での売上の向上を目的とした際に、「誰に対して」を特定していくための「生態系」を一例として紹介したい。この「生態系」で対象となるステークホルダーは、直接販売している企業だけではなく、販売代理店となり得る企業や、自社製品・サービスとの親和性は無いものの、意思決定者へのアプローチを手助けしてくれる企業等、営業活動を進める上で直接・間接にかかわらず登場する企業を示している。どのような粒度でこの生態系を整理していけば良いかに関しては、〈図表4-13〉のイメージを参考にしていただきたい。

　このように関係するステークホルダーを洗い出し、営業面で協業できる企業を中心に整理していく。例えば、ステークホルダーとしては「設備・機材販売ならびに運用/保守」に分類されたとしても、「他社の商材を扱っていない」「関連がない製品・サービスは扱えない」「意思決定者との関係性が無い」等、ステークホルダーそれぞれに制約事項があるため、同一分類の中でも営業面で協業できるかをしっかりと整理する必要がある。

【図表4-13】医療施設(病院)における生態系整理例

■ 販売代理店となり得る企業　　■ 意思決定者へのアプローチを手助けしてくれる企業
□ その他生態系の構成要素　　　▨ 登場しないケースもある構成要素

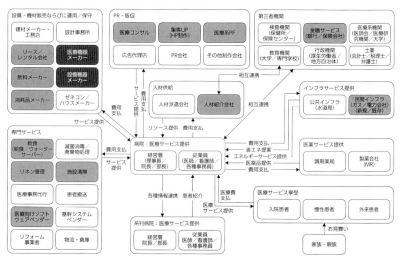

・ステップ3　実行の検証・絞り込み

【検証】

　これまでの検討を通じて、「何のために、誰に対して、何をやるか」という具体的な施策がいくつか策定された。これまでの検討では、具体的な効果等には言及していないため、数十個の施策が挙げられている可能性も十分にある。

　しかし、これらすべての施策を実行している余力はないし、筋が悪い施策もある。そのような観点から、必要な工数や想定ROI（投資利益率）等を算出して、施策の優先順位を付けている企業も多いのではないだろうか。確かに、そのやり方も間違いではないかもしれないが、それでは机上の空論になりかねないため、本当に売上を向上させようとした場合には、逆に非効率になってしまうことが往々にしてある。

　それでは、施策を絞り込む前に何をすればいいのか。まず、簡易に施策を実行して検証することを推奨したい。実は、施策を実行するということを非常に重く捉え、0→1で議論が展開されることが多い。そのため、施策の実行に至るまでの検討に多くの期間を要してしまっている。また、施策はトライ＆エラーを繰り返し、可能性の高いものはしっかりと磨き上げ、可能性の低いもの

は早々に見切りをつける。さらに、特定の地域だけに限定し、ごく少数の施策のトライアル対象を決定してみるとよいだろう。施策の数にもよるが、この作業ならびに実際のトライアルは1週間単位で完了するレベルのものが良い。

このトライアルを通じて、得られるものは非常に大きい。まず、明らかに実行不可能な施策に対して、早々に見切りをつけることができる。工数やROIの議論では見いだすことのできないリアルな現場感をもって、施策の選定ができる。それにより、これまで検討してきた施策が改善されたり、これまで見えていなかった課題が浮かび上がったりしてくる。

このトライアルを実施する上で、二つ留意していただきたいことがある。1つめは、見切りのつけ方である。このようなトライアルを実施していると、当初は5件としていたにもかかわらず、10件だったら結論が変わるのでは、という期待値を持って、トライアルが延期されてしまうことがある。確証を得たいという気持ちは理解できるが、そのような方法で進めていると、トライアルという位置付けの意味がなくなってしまうため、期間などを区切って、事前に決めたトライアルの工数を超えないようにする。2つめは、トライアルを実施する営業員の選定である。トライアルを実施する営業員は経験年数や直近での営業成績等の観点から、ある程度スキルが高いほうが良い。当然、初めての施策なので、通常よりも案件成約率が低く、営業スキルの低いメンバーで実施すると良い施策であっても否定されることになりかねない。また、高いスキルのメンバーからの意見や改善案なども貴重である。

【絞り込み】

最後に、トライアル結果を基に絞り込む手法について紹介する。

トライアルを実施した結果、現実的に実行可能な施策の数しか残っていないのであれば、この段階で絞り込みをする必要はない。トライアルを実施した結果、依然として実行するにはターゲット数が多いと判断した場合は、最終的な絞り込みをしていただきたい。

ここから絞り込みをしていくにあたっては、様々な状況が考えられるため、各社の置かれた状況に依存してしまうことが多い。その理由としては、まず何を第一優先に考え、何が譲歩できて、何が譲歩できないのか、という部分が絞り込みにおいては重要であるからである。

何を第一優先に考えるか、という点については、「目標とする売上を達成すること」「今いるリソースで実行可能なこと」「いつまでにすべての施策が実行

されること」等、いくつか考えられることがあるだろう。仮に「目標とする売上を達成すること」が第一優先であれば、概算でも構わないので、施策ごとの売上見込みを算出し、最終的に売上目標を達成するために必要な施策を全量として選定しなくてはならない。「今いるリソースで実行可能なこと」であれば、現状の営業員の工数を正確に把握し、週単位または月単位でどのくらいの工数を割くことができるかを整理する必要がある。その上で、施策の実行に必要な工数と照らし合わせて、割くことのできる工数に収まった施策を全量として選定する必要がある。

　第一優先に考えることだけで施策を選定していくと、上述のような結果になるだろう。しかしながら、どの企業もある程度の柔軟性はあるため、譲歩できる部分とできない部分をしっかりと議論した上で、最終的な施策を選定していくのが望ましい。施策選定の段階で、納得感を得られないと、関係者全員が前向きにその後の施策実行に取り組んでもらえなくなってしまうからである。

　なお、第一優先の議論及び絞り込みに関しては、市場の絞り込み時に議論すべきではないかと考える方もいるかもしれない。筆者の結論から言えば、議論の余地はあるが、このタイミングで絞り込むことがより自社にとって良い結果に繋がると考える。具体的には、トライアルの結果、効率の良い施策が見つかり、「目標とする売上を達成すること」が容易に実現した場合、新たな優先順位を設ける可能性も出てくる。もしくは、逆に非効率な施策しか見つからなかった場合に、「今いるリソースで実行可能なこと」の第一優先にできなくなる可能性が出てくる場合もあるからである。

　ここまでの検討を通じて、どの業界・業種に対して何をしていくのかが定まったことになる。組織としてコミットする必要はないが、施策の実行に向けて、この取り組みによってどのくらいの売上が達成できそうかという数字的な感覚はしっかりと持っておいたほうが良い。

3 法人営業マネジメント

これまで、法人営業戦略の一環として、ターゲティングについて説明をしてきた。ここからは、ターゲティングの結果を踏まえて、既存のリソースを活用して、着実に売上を拡大させていく必要がある。本節においては、既存の営業機能を強化・底上げしながら、着実に成果を創出していくための手法をご紹介する。

法人営業マネジメントとは

どの市場に対してどのような施策を実行していくのか、というターゲティングは法人営業戦略の要である。しかしながら、ターゲティングの良しあしだけで売上が拡大するかどうかが決まるわけではない。もしかしたら、読者の中には営業戦略・施策に対しては絶対の自信があったにもかかわらず、いまいち成果が出なかったということを経験した方もいるのではないだろうか。

誤解のないように、ここで本書における「強化」と「底上げ」の言葉の定義について触れておきたい。「強化」とは、これまで取り組みをしてないものに対して新しく取り組んでいき、売上・利益向上をめざすことと定義している。「底上げ」とは、これまで取り組んできたものに改善を加えて、今まで以上の売上・利益向上をめざすことと定義している。

顧客情報を例に説明したい。セールスマネジメントでは"短期間で解消できるギャップを埋める"ことを目標としているため、新規のシステム導入や営業組織の再編等、抜本的な改善を推進するものではない。そのため、「強化」をするにあたっても、セールスマネジメントの取り組みの中で実施すべきものとそうでないものが出てくる。例えば、顧客情報をまったく管理できていない、蓄積もできていない、という企業に対して、CRM（顧客関係管理）の仕組みを構築して営業を効率化していこうというような取り組みは推奨していない。

しかしながら、顧客情報をまったく管理できていないし、蓄積もできていないが、データベース化するための情報は散在している、という状態であれば、営業を効率化していくための取り組みとして推奨することもある。もちろん、それによって得られる成果と必要な工数を天秤にかけて、適切な判断を下すことが前提ではある。

施策の実行に向けて、どのくらいの売上が達成できそうか想定しておく必要

があると述べてきたが、法人営業マネジメントでは、想定した数字を前提とし、目標の達成に向けて、計画、実行、モニタリングならびに改善の一連のプロセスを継続的に繰り返していくものである。法人営業マネジメントの範囲内で一連のプロセスを繰り返していくが、この範囲内で売上拡大が見込まれない場合は、再度ターゲティングから見直していく必要がある。

　短期間での売上・利益向上を目的とする法人営業マネジメントで、計画・実行・モニタリングならびに改善を行っていく対象は、「個人」と「組織」の両方を含んでいる。必要条件として「個人」のパフォーマンスが向上していかないことには、売上・利益向上をめざすことが難しい。次に、十分条件として「個人」が活動する「組織」内に本取り組みを阻害させるような制約条件があると、「個人」のパフォーマンスをいかに高めても、売上の拡大には繋がらない。そのため、本章では「個人」と「組織」の両方に焦点を当てている。

・法人営業マネジメントの実態

　これまでもご紹介してきたように、セールスマネジメントでは"短期間で現実的に埋められるギャップを解消（＝売上・利益向上）"することを目標としている。そのため、自社の現状と達成可能な姿とのギャップを正確に理解した上で、ターゲティングの結果から導き出した施策や目標を、現場の営業組織に落とし込むことから法人営業マネジメントの取り組みが始まる。

　法人営業マネジメントの詳細を説明する前に、営業活動に対する各社の認識についてプロレド・パートナーズが独自に実施したアンケート調査に基づいて実態の説明をしていきたい。

　まず、自社が提供している主力製品・サービスの直近3年間での業績推移と自社の営業活動に対する評価をひもづけて分析した〈図表4-14〉。結果は、業績が上昇している企業は営業活動に「まったく問題がない」と回答した割合が19.2％ともっとも高い結果となった。反対に、業績が下降している企業は営業活動が「うまくいっていない」と回答した割合が23.6％ともっとも高い結果となった。

　これに関しては、当然の回答結果といえるだろう。しかしながら、注目していただきたいのは、業績が下降している企業であっても、「まったく問題ない」と「うまくいっているけど懸念が残る」を合計すると46.1％になる点である。直近の業績が下降しているにもかかわらず、現状の営業活動に対して危機意識を持てていない企業がここまで多く存在するという実態がある。既存の営業機

能を活性化していくためには、自分たちは何ができていないのかをしっかりと認識し、改善すべき事項に対して真摯に向き合っていかなければならない。

　次に、現状のギャップを認識し、短期的な視点で売上・利益向上を重視する取り組みであるが、経営層の多くは中長期的な視点での取り組みを重要視する傾向が見られ、短期的な取り組みは軽視される傾向にある。弊社に相談をされる企業の多くは、直近の売上が横ばいの企業で、多くの企業は競合による売上の奪い合いや既存の営業手法に限界を感じている。そのなかで、中長期的な取り組みを必要と感じ、新製品や新業態への進出といった、これまで主軸であった事業と異なる新規事業を立ち上げる段階で相談に来られるケースが多く見られる。

　しかしながら、新規事業を成功させることは時間とコストがかかり、直近の売上回復には既存の営業活動を見直すことが必要不可欠である。既存の商材や販路に可能性がないか、ターゲティングから見直していくと、成長余地が見られる企業が非常に多い。本来は、短期的な視点と中長期的な視点の両方を持ち合わせる必要があるが、経営層になると中長期的な視点を重視し、短期的な視点を欠いていると感じる。

【図表4-14】業績推移と営業活動に関する評価割合
(N=1,000;単一回答)

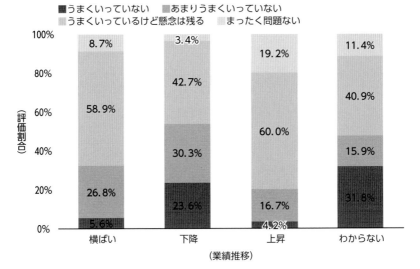

第4章の〈図表4-1〉で示したように、最重要と考える取り組み上位3項目は、「営業戦略、営業施策」「価格設定」「営業担当の育成・スキルアップ」である。逆に、重要視されていない「クロスセル」「商品やサービスのプロモーション」「モチベーションアップ」といった取り組みは、既存の営業活動の延長線上に位置し、現状のギャップを見極めて取り組めば売上拡大に繋がりやすい。

　最後に、自社の製品・サービスが市場に受け入れられるために必要なことは何かを、法人を主要顧客に営業活動をしている企業に調査した〈図表4-15〉。調査の結果、企業がもっとも必要と考えていることはブランド力であると回答した割合が20.1%という結果となった。続いて、価格優位性が17.3%、商品力（品質）が16.2%という結果となった。
　このことからも、企業によって、自社の製品・サービスが市場に受け入れられるために必要と考えることは、決して一様ではないと言えるであろう。また、「ブランド力」「価格優位性」にとどまらず、後述するが「商品力（品質）」「認知・PR力」が重要であり、自社の製品・サービスの訴求ポイントを明確にした上でわかりやすく伝えていくことが、営業活動を推進していくために不可欠である。

【図表4-15】製品・サービスが市場に受け入れられるために必要なこと
(N=710;単一回答)

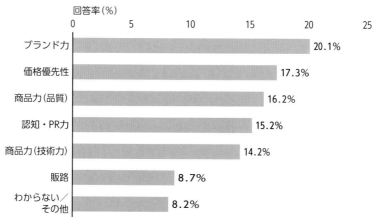

計画：本取り組みを推進するための体制整備

　ここから、法人営業マネジメントを推進していくための活動について説明をしていく。計画段階で実行することは、大きく二つである。

①ターゲティングで定めた会社単位の目標を、営業組織、営業員個人まで落とし込むこと

②営業活動の現状を把握した上で、本取り組みが推進できる体制を整備すること

　①を実施するにあたり、最終的には営業員個人にまで落とし込んでいく必要がある。企業によっては、最終的な評価を個人単位ではなくチームや部・課単位の成績で決定していることもあるだろう。そのような場合であっても、営業員にまで目標を落とし込む必要がある。理由としては、目標達成のために営業個人がどの程度の働きをする必要があるかを明確にしなければならないからだ。

　②を実施するにあたり、「個人」と「組織」の両面を考慮する必要がある。「個人」に関しては、営業員にパフォーマンスを発揮してもらうため、評価制度等とも関連付けたモチベーション管理を中心に整備していく。「組織」に関しては、本取り組みを推進するための社内環境ならびに足りないリソースやスキル等を補完するため、社外との連携体制を中心に整備していく。

・目標の落とし込みの必要性

　法人営業マネジメントを推進していくにあたり、会社単位で定めた目標を、営業組織、営業員個人にまで落とし込んでいく必要がある。この落とし込みに関しては、多少時間を要しても構わないので、営業員個々人がしっかりと納得のいく形になるように、慎重かつ丁寧に取り組んでもらいたい。ここでの落とし込みが不十分であると、次のステップである体制整備がうまくいかなくなってしまう可能性が非常に高いからである。

「個人」の観点からは、なぜこの数字目標を課せられていて、自分の評価とどう結び付くのかを理解できていないと業務に邁進できなくなるであろう。「組織」においても同様で、組織マネジメントの観点から「個人」目標と「組織」目標の整合性がないと組織目標は達成しても、個人目標は達成できていないなどでマネジメントが難しくなる。

　そもそも、会社が設定した数字目標というものは、現場まで落とせ込めてい

るのかどうか、という部分についての調査結果がある〈図表4-16〉。この調査ではどこまで落とし込まれているかを把握するために、営業部まで、チームまで、個人までの三つに分類して調査をしている。結果として、会社が設定した数字目標を個人にまで落とし込んでいる企業は全体の30%にとどまる結果となった。チーム単位までの範囲であれば、全体の66%まで会社が設定した数字目標を落とし込めているということになる。

　この調査結果からもわかるように、多くの企業では営業員がどこまで頑張れば、どのように評価されるかを理解しないで、営業活動をしている可能性がある。または、上長は会社の目標に沿って部またはチームを運営しているが、営業員はそれとは別の意識で営業活動をしている可能性もあり得るのである。

　このように目標が落とし込まれていない状況では営業個人が最大限パフォーマンスを発揮し、前向きに営業活動に取り組むことはできない。特に新しい取り組みを開始するとなった場合、比較するための指標がないので、明確な目標がない限りは難しい。例えば、従前の売上目標を設定されていて、新たな取り組みとして新規営業の契約件数の獲得となると、今まで以上に忙しくなることが想定されるので、最終的に評価は売上重視なのか、契約件数重視なのか、そのあたりの取り決めまで明確にしておく必要がある。

　営業員が目標に対して、疑問を持った状態では、最終的な売上の拡大という目標そのものが達成できなくなってしまう。また、個人目標と会社目標が結び付いていない場合、営業員は会社目標を現実と懸け離れた絵空事のように捉え

【図表4-16】会社としての目標に対して、目標を落とし込めている範囲
(N=1,000;単一回答)

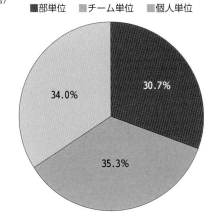

■部単位　■チーム単位　■個人単位

30.7%

35.3%

34.0%

成果が上がらなくても当然という意識が生まれてしまうのである。

　実際に弊社が支援する中で、各社とも目標設定の仕方は様々である。多くの企業では、昨年実績を基に、営業目標を売上昨年対比+10 ～ 30％で設定しているにもかかわらず、会社目標は売上昨年対比+0 ～ 10％と全く別軸で設定していることがある。個人での強気な売上目標設定の要因を探っていくと、新商品・サービスや新規プロジェクト等、現状ではほとんど売上が立っていない新規事業で売上拡大をすることが前提となって目標が定められている。前述の通り、新規性の高い取り組みの場合は、経営層が掲げる会社目標に対して、営業個人の目標達成に向けた意識が希薄にならないよう、しっかりと落とし込みをする必要がある。

・目標設定の落とし込み手法

　前項で紹介したように、会社としての数字目標を個人まで落とし込んでいる企業はわずか34.0％であった。ここから、会社が設定した数字目標をしっかりと個人にまで落とし込んでいかなくてはならない。

　落とし込み手法として、トップダウン型とボトムアップ型の二つが考えられるだろう。世の中には、双方の良いところを採用した折衷案というものもあるが、本書ではあえて言及しないことにしたい。どちらの手法を採用すべきかという問いに関しては議論の余地はあるが、一般的にはこれまでの新規プロジェクトと同様の手法で進めることを推奨する。難度が低くない中で、不慣れな進め方を推進することは得策ではない。従来の手法を考慮しつつ、自社の社風や検討に携わるメンバーの性格等を考慮すると、なおよいだろう。あくまでも一般論であるが、トップダウン型とボトムアップ型それぞれの特徴を記載する

【図表4-17】目標の落とし込み手法別のメリット・デメリット

	メリット	デメリット
トップダウン型	・チャレンジングな目標を設定できる ・決定までのスピードが速い ・会社の意思として、多くのメンバーに対して影響力がある	・現場感が損なわれる可能性がある ・納得感を得られない可能性がある ・上が決めた目標と捉えられ、モチベーションが損なわれる可能性がある
ボトムアップ型	・現場感のある目標を設定できる ・メンバーが積極的に関与できる	・保守的な目標にとどまってしまう可能性がある ・決定までに時間がかかる

〈図表4-17〉。

　目標の落とし込みは、会社全体から営業部へ、営業部から各チームへ、各チームから営業個人という3つのステップに分けて行っていく。企業によっては、この中に支店、課、グループ等、異なる区分が入ってくることもあるだろう。しかしながら、上から下に、間を飛ばすことなく順番にやっていくことが鉄則であるとご認識いただければ問題ない。

　以下ではトップダウン型での目標の落とし込みを前提として説明をさせていただく。ステップが三つに分かれるため、各ステップで誰が誰に対して何を落とし込むかを〈図表4-18〉に整理している。なお、ボトムアップで検討をする場合は、すべての営業員には会議に参加してもらい、自身が抱えている業務量等を踏まえて、現実的な数字に割り振りをしていただきたい。その際、現場主導で議論をした結果、保守的な意見だけが集まり、会社が定めた数字目標に達しないという状況にだけはならないように留意していただきたい。

　ステップ1は、会社で定めた数字目標を営業部に落とし込むことである。会社の数字目標を設定した経営層から、営業部長に対して、ターゲティングの結果を踏まえた見込みの市場規模を説明することから始めていただきたい。最終的には、営業員個人にまで目標を落とし込む必要があるため、営業部長が各チーム長に対して正しく会社の数字目標を伝達できるレベルまで理解しておく必要がある。

　経営層は、ターゲティングのプロセスを経て、これまでやってこなかった業種・業界の開拓や既存顧客基盤を活用した売上の拡大を見据え、自社にとって現実的に獲得可能な数字目標を設定している。これまでとは異なる取り組みであるため、現場に数字目標を受け入れてもらえない可能性がある。営業部長の

【図表4-18】 トップダウン型での落とし込み事項

ステップ	伝達元→　先	落とし込み事項
1	経営層→営業部長	・ターゲティングの結果、会社として定めた数字目標 -年間10億円 等 ・ターゲティングのプロセスとその数字目標
2	営業部長→チーム長	・ステップ1で経営層から伝達された内容 ・各チームに割り当てる数字目標とその設定方法
3	チーム長→営業個人	・ステップ2で営業部長から伝達された内容 ・個人に割り当てる数字目標とその設定方法

段階では受け入れてもらえない可能性は比較的低いが、各チーム長や営業員のように営業活動に主体的に取り組む立場の人は、これまでの既成概念の範囲内で可能性を考え「できる」「できない」のジャッジを下しやすい。

経営層が考える会社としての数字目標と、営業部長や各チーム長、さらには営業員が受け取る会社としての数字目標の間には、大きな"認識ギャップ"が発生しやすい。経営層は会社としての数字目標をどのように算出したのか、そのプロセスを詳細に説明してもよいだろう。なぜなら、この段階で理解を得られることが重要だからである。

ステップ2は、営業部から数字目標をチーム単位に正しく伝達することである。営業部からチーム単位に落とし込んでいく場合、昨年度の実績、見込み成長率、売上構成比など決め方はいろいろあるが、ここでは会社目標から落とし込まれた営業部の数字目標を、チームの状況と可能性を鑑みて配分していただきたい。最終的には、商品・サービス×ターゲット属性×施策×エリアごとに目標を細分化し設定する必要がある。

例えば、A商品×小売店×ダイレクト開拓×関西での数字目標の10％はaチームが担うというような形である。

このように、可能な限り最小粒度にまで細分化したもので、各チームに割り当てていくのが望ましい。ただし、現状のチーム構成がエリア単位であればエリア単位で、商品・サービス単位であれば商品・サービス単位で該当する目標を割り振っていったほうが、営業活動を効率的に進められるだろう。このとき、営業部長やチーム長は、チーム単位で割り振られた目標に対し、過去の実績や工数を基に細分化された項目に対して強弱をつけて微修正を行うが、後述する体制整備で改善できる余地もあるため、リソースの制約条件を絶対条件とする必要はない。

ここでチーム単位での数字について異論が出た場合は、しっかりと議論の場を設けていただきたい。基本的には決定した数字目標として伝達すべきなので、原則としては変更しないことが望ましい。ただし、異論に正当性があり、現行の数字目標を押し通すことのほうが、今後の取り組みを推進する上でリスクと考えるのであれば、その限りではないだろう。なお、営業部長が役員などである場合は、ステップ1を飛ばすか、ステップ1とステップ2を一緒にして「ターゲティングのプロセスと目標」と「各チームに割り当てられた目標」を

しっかりと伝えれば問題はない。

　ステップ3は、チーム長から個人に伝達することである。このときに考慮しなければいけないのが、適切な業務配分と人員配置である。おそらくチーム長から数字目標を伝達された際に、「現状業務で手がいっぱいである」「既存の売上を確保できなくなる可能性がある」というような意見を出す人もいるだろう。アンケート調査結果〈図表4-19〉によると、営業が新しい取り組みを開始するときに着手することとして、業務の見直しという回答が半数以上の62.9%であった。次いで多いのが、人員の見直しという回答で40.5%、成績評価の見直しで26.3%という結果になっている。また、人員の見直しを主導するのは誰ですかというアンケートでは、事業本部長格以上であるという回答が半数以上の56.5%を占めている〈図表4-20〉。

　会社として定めた数字目標を個人目標にまで落とし込みつつ、阻害する要因を排除できれば、その新しい取り組みを推進することができるようになる。この阻害要因の排除に関しては、経営層・営業部長から実行する必要があるた

【図表4-19】営業が既存プロジェクトに加えて新規プロジェクト実施時に取り組むこと
（N=1,000；複数回答）

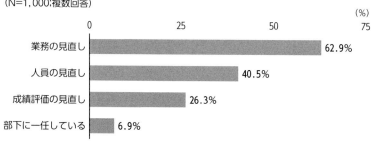

【図表4-20】人員の見直しをする場合は誰が主導となって行いますか
（N=405；単一回答）

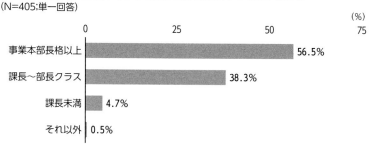

め、営業員が円滑に取り組みを推進できるような環境整備にも努めていただきたい。

・体制整備
営業組織 —社内との連携—

　これまで、数字目標を納得感のある形で営業員個人にまで落とし込む必要性とそのステップについて紹介してきた。しかしながら、前にも触れたが、現実的には売上の大半を占めている「既存の営業活動継続」と、本当に売上が向上するかどうかわからない「新規の営業活動の推進」を別軸で実施した場合には、しばしば両者の工数配分や人員不足という点でどちらに注力すべきか、という議論が発生してしまう。特に、プロジェクト化して「新規の営業活動の推進」に取り組んだ場合は、プロジェクトメンバーと既存の営業活動を継続するメンバーの間に大きな溝が生まれやすい。また、プロジェクトメンバーが「既存の営業活動継続」を兼任して担っているにもかかわらず、上長から「新規の営業活動の推進」に対しての理解を得られていない場合には、取り組むことが難しい。当然、これまで紹介してきた落とし込みのステップをしっかりと行っていれば、このような問題を抑えることはできるが、プロジェクトメンバーを「既存の営業活動継続」から切り離し、専任メンバーとしてアサインしてもらうことが理想的である。

　しかしながら、「既存の営業活動継続」も兼任しなければならない場合には、会社全体として「新規の営業活動の推進」に協力的な姿勢を示すことが必要である。後述するように、経営層の協力的な姿勢を示す上で、もっとも効果があるのは営業活動の成果を個人評価に反映させることであるが、多くの場合はそれらの反映があいまいになっていることが多い。

営業組織 —社外との連携—

　リソースの一つとして、「人」が挙げられるが、多くの場合、自社の人員によって解決を試みるケースが多い。派遣社員や外部委託での契約をしていることも多いだろうが、自社内の人間として活動しているため、この場合は自社の人員とみなして説明をしていることにご留意いただきたい。

　弊社が実施する法人営業戦略では、第三者である販売店、代理店、業界のアドバイザー、パートナー企業等を積極的に活用して売上の向上をめざしている。当然、社内の人員には限りがあり、新たな採用をするにもそれなりの期間

が必要である。加えて、ここで説明しているような新たな取り組みでは、豊富な経験、知見、コネクションを保有している人員が社内にいない可能性もある。そのため、特定の領域に対して非常に長けた第三者がいる場合は、その力を貸してもらいながら売上の拡大をめざしていくべきである。

　社外との連携に関しては、代理店開拓や開拓後のマネジメントにも関わる部分であるので、本書では詳細な説明をしていないことをおわびしておく。

個人 ―モチベーション向上―

　落とし込まれた個人の数字目標を達成できるかどうかを大きく左右する要因の一つとして、モチベーションが挙げられる。そのモチベーションに大きな影響を及ぼすのが評価である。数字目標を達成することにより、個人が評価さ

【図表4-21】営業への評価指標
(N=1,000;単一回答)

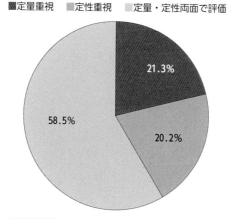

■定量重視　■定性重視　□定量・定性両面で評価

21.3%
20.2%
58.5%

【図表4-22】営業への評価指標
(N=213;単一回答)

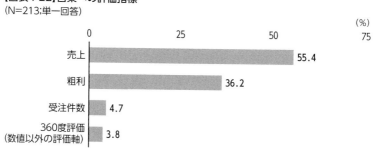

	(%)
売上	55.4
粗利	36.2
受注件数	4.7
360度評価 (数値以外の評価軸)	3.8

れ、それに見合った報酬が受け取れるのであれば、目標に向けて意欲的に取り組むのは容易に想像できるだろう。しかし、数字目標の達成が、評価に繋がらなければ、「言われたからやっている」程度のモチベーションで取り組んでしまうだろう。

　弊社がこれまで支援してきた中でも、新しい取り組みに対して、その取り組みの難易度を勘案した評価制度に見直しをしないという企業をいくつも目にしてきた。その場合、当然のことながら、これまでの取り組みの延長線上での営業活動を続けたほうが、個人にとっては確実にプラスの評価になってしまうのである。その結果、新しい取り組みで思うように成果を創出することができず、会社としての数字目標を達成するに至らずその取り組み自体が中止になってしまうケースもあった。

　営業への評価指標を調査した結果〈図表4-21〉、定量だけで評価している企業が全体の約21.3%を占めている。営業の評価であるため、定量で評価するのがもっとも合理的であることは間違いないだろう。ただし、それはこれまでと同様の営業活動をするときに限定される。

　ここで紹介しているような新しい取り組みにおいては、定量的な数字が出るまでに時間を要するのが一般的である。そのため、定量での評価によって、新しい取り組みに参画するプロジェクトメンバーのモチベーションを低下させる可能性が高く、状況によっては定性評価も含めた評価に変更することや定量評価の内容を変えることが必要になる。

　例えば、新規の取り組みに関しては売上目標を利益、契約件数、見積もり件数、リード獲得件数、受注率などの指標に"一時的"に変更する。評価において定量情報を重要視する場合、どの指標を活用しているかという調査も行っている〈図表4-22〉。結果として、売上または粗利を指標とした評価をしている企業が90%を超えている。このように、会社の期待を背負って新しい取り組みを推進していくはずのプロジェクトメンバーが、会社の制度によって苦しい思いをする可能性もあるということを認識し、十分にケアしなくてはならない領域だと理解していただきたい。

実行：売上を向上させるための仕組み作り

　ここまでの計画を通じて、本取り組みを推進するための体制整備が完了した。ここからは、その体制で営業活動を実行し、売上を向上させていくための仕組み作りについてご紹介していく。

売上を向上させるための要素をシンプルに分解すると、リード数×受注率と定義することができる。実行においては、それぞれの要素を増加させていくことを目標とした取り組みを推進していく。そのために、既存の営業機能の「強化」と「底上げ」の2軸で進める必要がある。本節の冒頭でも説明したが、「強化」とは、これまで取り組んでこなかったものに対して新しく取り組み、売上・利益向上をめざすことで、「底上げ」とは、これまで取り組んできたものに改善を加えて、売上・利益向上をめざすことである。営業機能を「強化」すべきか、「底上げ」すべきかに関しては、ターゲティングから導き出された施策に従っていただきたい。

　営業機能の強化と底上げをするにあたっても、どのように検討したら良いかわからない企業も多いのではないだろうか。売上を向上させるために最重要と

【図表4-23】売上UPにおいて最重要と考える取り組み
(N=1,000;複数回答)

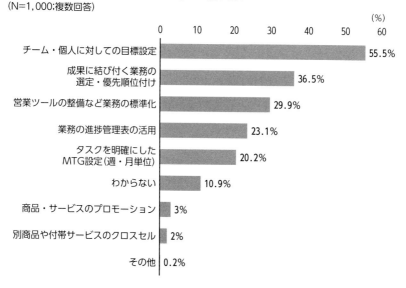

【図表4-24】売上の拡大に向けた頻出テーマ

	営業機能の強化	営業機能の底上げ
リード数の増加	新規営業チャネルの活用	営業情報の活用
受注率の増加	営業手法の新たな取り組み	営業の標準化/ベストプラクティス

考える取り組みについて、調査した結果をまとめている〈図表4-23〉。

　もっとも多いのが、チーム・個人に対しての目標設定で、半数以上の方が回答している。次に、成果に結び付く業務の選定・優先順位付けで、3割強の方が回答している。これらの課題に関しては、これまでに説明してきた内容を通じて、解決できるはずである。そして、営業ツールの整備などの業務標準化、業務の進捗管理表の活用が続いている。

　弊社のこれまでの支援実績からも、営業ツールの整備など業務の標準化は必須の取り組みであると強く認識している。これ以降は、以下の〈図表4-24〉に示す、弊社が実行支援をしていく中で頻出テーマのリード数の増加の詳細を説明していく。

・トライアル検証

　取り組みを実行していくにあたり、弊社では、実行の際に、セールスマネジメントの確度を高めるために、トライアル検証の期間を設けている。ターゲティングにおけるトライアル検証は、業界・業種の筋の良しあしを見極めるための期間とし、実行におけるトライアル検証では、営業ツールを含めた営業活動全体の良しあしを見極める期間としている。実行におけるトライアル検証では、現状の営業手法、営業ツール、顧客への提案活動等、様々な観点から、短期で売上の向上を実現していくために自社の強みとなる部分と改善すべき部分を洗い出していく。

　営業手法に関しては、まずは営業員複数人からのヒアリングを通じて、現状を

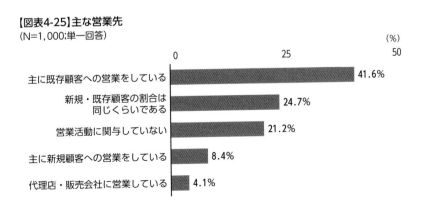

【図表4-25】主な営業先
(N=1,000;単一回答)

(%)

項目	割合
主に既存顧客への営業をしている	41.6%
新規・既存顧客の割合は同じくらいである	24.7%
営業活動に関与していない	21.2%
主に新規顧客への営業をしている	8.4%
代理店・販売会社に営業している	4.1%

正確に把握する必要がある。どのような営業プロセスで、どのようなことを訴求しているか等、受注率の向上に影響する内容を中心に抽出できるとよいだろう。

　営業ツールに関しては、社内で使用している標準のものに加えて、個別でカスタマイズしている資料があるのであれば、それらも含めて漏れなく収集する。

　提案活動に関しては、実際の営業に同行することで、これまで聞いていた内容と異なる営業の実態も見えてくるだろう。上席が同行した場合、その提案活動の時のみ、通常と異なる提案活動をする恐れもあることにご留意いただきたい。営業手法やツールの見直しに関する実務は若手営業員が中心となって進めるのが望ましいため、若手営業員を含めたチームを構成することが望ましい。

・営業活動の実行
リード数の増加

　多くの企業は既存顧客を中心に営業をしていて、新規顧客を中心に営業をしている企業は非常に少ない。一度、大手顧客との取引が開始できれば、その大手顧客に対して継続的に営業活動をしていくほうが、当然、売上も効率性も高くなる。その結果、新規顧客の開拓に慣れていない営業が多数存在してしまっている。最近では、既存顧客からの売上縮小が続いているが、新規顧客の開拓方法がわからないので、新規顧客開拓に向け支援ご依頼も増加している。

　新規顧客の開拓に向けた最初の一歩は、いかにリードを獲得してくるかという部分である。しかしながら、主な営業先を調査した結果〈図表4-25〉からもわかるように、主な営業先として既存顧客への営業が41.6%を占めており、大半の企業では新規より既存に注力している点からは、新たなリードの獲得に対しての意識が低いといえる。リード数の増加に向けて、新規営業チャネルの活用と営業情報の活用について、以下にご紹介する。

新規営業チャネルの活用

　これまでの営業活動が、特定のチャネルに偏っていた場合、新規顧客の開拓を行うためには、これまでと違った取り組みをしなくてはならないため、相応の労力が必要となる。

　インターネットで検索をすれば、新規顧客の開拓に対して有効なチャネル候補がたくさん見つかるだろう。しかしながら、それらの候補はチャネルすべて

に対して精通しているかというとそうではない。飛び込み営業しかやったことのない人、Web集客しかやったことのない人、代理店開拓しかやったことのない人等、営業員の経験は様々であろう。それでは、自社にとって最適なチャネルの選定の仕方は何か。

　それにはいくつかの問い掛けをする必要がある。新規顧客の開拓に悩みを抱えているのであれば、その顧客がどのようなチャネルであれば接点を持てるか、同業他社はどのようにリードを獲得しているか、これまで自社で取り組んでこなかったリードと獲得は何か、と洗い出してみるだけでも大きな前進となる。また、既存顧客の開拓には、一番うまくいっているチャネルの別候補を確保できるか、別候補は何社くらいあるか、うまくいっているチャネルと似たチャネルはあるか、同業他社はどのようにリードを獲得しているかと、問い掛けてみればある程度最適なチャネルを選定できるはずである。なお、新たなチャネルと契約する場合には、短期間でトライアルを実施することを推奨したい。

　次に、新たなチャネル活用を決めてから、リードを獲得し、受注するまでの一連の営業活動について説明したい。当初は営業的な目線ではなく、自社の商品・サービスに対して理解してもらうことをもっとも重要視していただきたい。新規顧客の場合、会社対会社、個人対個人での信頼関係が構築できていない状態にあることはいうまでもない。新規顧客は購買を検討するためでなく、どんな製品・サービスがあり、どんな機能や効果があるのかをまずは知りたいと考えていることが多い。そのため、商談の中で、潜在ニーズを探りながら営業できる機会を模索していかなくてはならない。

　弊社が支援させていただいた事例を一つ、ご紹介する。とある大手メーカーのケースであるが、同社は代理店チャネルを活用した営業が主軸であり、自社の営業活動において直接エンドユーザーとなり得る企業に対して営業することはなかった。その企業も新規顧客の開拓に悩みを抱えていたが、これまでの成功体験からエンドユーザーに直接営業することは非効率だとの考えから、ダイレクトというチャネルを活用してこなかったのである。そのような状況下であったが、一度、ダイレクトのチャネルを活用した営業活動をやってみるということを強く推奨し、実行に移す意思決定がなされた。結果として、エンドユーザーとなり得る企業から、「メーカーに直接営業されたのは初めてである。しかし、製品について深く知ることもできたので、購買を検討してみたい」と

いう言葉をもらったのである。数字面で見ても、受注率は非常に高く、効果的なチャネルであることが最終的に証明され、今では主力チャネルの一つに成長している。

営業情報の活用

　営業情報の活用とは、リードの獲得元、営業が交換した名刺、受注/失注した企業への提案内容、提案商品等を一元管理し、その情報に基づいて効率的に営業していくことである。昨今では、Sales forceなどを代表にCRMシステムという名の下、これらの情報を一元管理している企業も少なくはないだろう。営業情報の活用に関しては、大きく四つの状態に分類することができると考えている。

1.管理したい情報がわかっていない
2.管理したい情報はあるが、散在している
3.管理したい情報をまとめ上げているが、活用できていない
4.管理したい情報をまとめ上げ、活用できている

　弊社は、中小企業から超大手企業まで様々な規模の企業を支援させていただいているが、企業規模にかかわらず、4.の状態まで持っていけている企業を見ることはほとんどない。多くの企業は、2.または3.のどちらかの状態に該当するのではないかと感じている。

　2.に該当する企業に関しては、まず、それらの情報を一元管理するためのデータベースを整備することを推奨している。進捗管理シートや営業日報を活用して情報を把握できている状態にはしているものの、必要な情報をすぐに参照することができない、または、複数のファイルを参照しなくては全体感を把握することができない、というような状況にある企業をこれまでたくさん見てきた。なお、データベース化する際には、少なくとも以下の七つの情報を蓄積しておくようにしたほうが良いため、ぜひ参考にしていただきたい。

　・会社情報（企業名、支店数、都道府県エリア、グループ会社、住所、電話
　　番号、担当者名）
　・ニーズの有無（主な事業、提案可能性の有無、現在・過去の取引状況、意
　　思決定者）
　・初回～訪問時のアプローチ方法（架電、訪問、展示会、DM等）・日時
　・初回～訪問時のアプローチ結果（見込みの有無、ネクストアクション等）

・リードの可能性（受注確度、現状使っている商品・サービス、競合の有無等）
・提案（見積もり内容、受注/失注理由、受注/失注の確度：将来的な取引拡大や可能性、見込み等）
・契約（契約内容、受注商品/サービス、契約時の要望/クレーム/満足度等）

3.に該当する企業に関しては、活用できていない理由を明確にすることを推奨している。活用できていない理由として、大きく二つあると考えている。一つめは、様々な情報を格納する指示があるので入力をしているが、その情報を何に使うのかがわからないため、人によって入力の粒度が異なり、横並びでの比較ができない情報だけが蓄積されていること。もう一つは、分析して営業効率を高めるために必要な情報が欠落してしまっており、過去に活用を試みたが有効な示唆が得られなかったこと。

では、営業情報を整理した結果、どのように活用することができるのだろうか。売上を向上させるための顧客情報の活用余地としては、大きく五つあると考えている。これらのうち、どれか一つでもできていないようであれば、その観点に沿って改めて顧客情報を分析してみることを推奨する。
・既存顧客へのアップセル/クロスセルの提案余地の発掘
・グループ/系列企業への横展開の提案余地の発掘
・離脱顧客への提案余地の発掘
・失注顧客への提案余地の発掘
・代理店・販売店候補の発掘

【図表4-26】営業フェーズと営業ツールの関係

営業フェーズ	営業ツール例
営業前準備	・アタックリスト（リード候補） ・アポ取得トークスクリプト
営業提案	・営業提案書 ・営業トークスクリプト
営業後のフォロー	・フォローメール

・受注確度の向上

営業の標準化

　営業の標準化に関しては、既存顧客向けと新規顧客向けで、それぞれ標準化の手法が異なってくる。既存顧客向けの場合、過去の成功/失敗事例に基づき、営業ツールならびに営業手法を整備し、営業個人に横展開していく。新規顧客向けの場合、既存顧客向けの営業経験に基づき、営業ツールならびに営業手法のベースを作成し、実際の営業活動を通じた検証を繰り返しながら精度を高めていく。

　まずは、営業フェーズと、一般的に使用し標準化していくべき営業ツールとの関係性を整理しておく〈図表4-26〉。

　営業員単位で営業フェーズのやり方が属人化しており、その結果として、営業成績にも大きなバラツキが出てしまっている企業も多く存在する。当然、営業成績にはバラツキが発生するものではあるが、属人性をある程度排除し、全社的な営業成績の向上の底上げに繋げていただきたい。

　以降、一部の営業ツールに関しては、標準化のポイントを記載していくが、自社のやり方にそぐわない場合は、参考程度にとどめていただいても問題はない。

＜営業提案書＞

　営業提案時は、企業によって会社概要と製品カタログだけ持参して営業活動をしているケースがあるが、A4サイズのチラシでも構わないので訴求ポイントと導入事例を記載した1枚の提案書を作成したほうが良い。この営業提案書を作成することには、以下のメリットがある。

①すべての営業が必要最低限の訴求ポイントを端的に説明できる

②顧客の担当者が社内共有をする際に、誤解が生じない

③同業他社の導入事例によって潜在的な顧客ニーズの掘り起こしが可能になる

　また、営業提案書を作成する際には、専門的な言葉や内容が記載されており、知見のない一般人が理解できない内容になっていないかに注意を払っていただきたい。営業や商品開発の部署以外で、営業提案書を一度も見たことのない人に、客観的に内容を確認してもらうことを推奨したい。

　弊社が支援させていただいている企業でも、専門的な言葉を使った営業提案書を使用しているため、顧客によっては正確に内容が理解されず、製品・サービスの訴求ポイントがうまく伝わっていないケースも多い。

　営業提案書は、可能な限り本社やプロジェクトチームが主導して作成する必要がある。製品・サービスの訴求ポイントはターゲットとする顧客や取引先によって異なってくる。また、営業エリアや部署によっても同一の製品・サービスを違った訴求ポイントで捉えていることも多い。

　成果が出ているトップ営業員は、商品・サービスの理解以上に、顧客ニーズの理解に注力する傾向にあり、結果として顧客ニーズに合致した訴求ポイントを的確につかんでいることが多い。

<トークスクリプト>

　営業前準備フェーズのアポ取得の架電や営業提案フェーズの訪問時に話す内容を、標準化した文章に落とし込み、全体的な提案スキルの維持・向上を目的として用いられるのがトークスクリプトである。

　しかしながら、部やチーム単位で作成をしたり、個人のスキルに任せてトークスクリプトを作成していない企業も多い。営業提案書と同じく、トップ営業員の成功事例を横展開できるよう、伝えるべき内容を整理し、文章に落とし込んでいただきたい。実際の営業活動を通じた検証を繰り返し、内容は都度ブラッシュアップしていく必要がある。質の高いトークを標準化することができれば、営業部全体のスキルアップが期待できるだろう。特に、トークスクリプトで重要であるにも関わらず見落としがちなのがQ＆Aにおける質問である。これは、相手からの問い掛けでなく、自社から顧客への問い掛けも含めて、しっかり整備していただきたい。

　例えば、顧客の意思決定のキーマンを把握する際の質問として「御社内でこういった案件を検討する際には、スムーズに決定まで行く感じでしょうか？それとも、議論になりますか？」という問いに対して「議論になる」という回答が得られれば、どのあたりで調整が必要なのか、キーマンは誰なのかなど、質疑応答をくりかえすことで顧客の状況が見えてくるはずだ。

モニタリングならびに改善

・営業活動のモニタリング

　実際の営業活動を通じて、取り組みそのものが効果的であったかどうかを検証するために、目標と営業活動の"成果のギャップ"を継続的にモニタリングしていく必要がある。モニタリングの頻度は、取り組みのステータスや性質によって異なってくるだろう。

ステータスとは、取り組みの立ち上がり段階なのか、ある程度の期間が経過した段階なのか、あるいは終盤の段階なのかということを意味する。性質とは、高頻度でモニタリングをしないと適切な成果創出に結び付かないのか、ある程度の期間を開けても影響がないのかということを意味する。性質にかかわらず、プロジェクトの立ち上がり期は少なくとも週1回はモニタリングをしたほうが良いだろう。ある程度期間がたてば、モニタリングの頻度を落として月1、2回でも問題なくなるだろう。

　継続的かつ効果的なモニタリングを実施するために、以下3点に気を付ける必要がある。
①的確なKPIが設定されているか
②効率的にモニタリングが行えているか
③全体共有の場が設定されているか

　①に関しては、当然のことを述べているように聞こえるかもしれない。しかしながら、この的確なKPIの設定というのが非常に難しく、間違ったKPI設定により取り組みが正しく評価されないということも実態として起きてしまっていることもある。KPIを設定する際には、関係当事者間で、この取り組みは何を達成できたらよくて、そのためにはどの指標を定期的に観測していかなくてはならないのかについて、認識を擦り合わせる必要がある。評価指標は必ず定量的な指標を用いて、細かく設定し、誰が判断しても同じ結果になるよう設定しなければならない。

　例えば、顧客Aに対して営業員Bは受注確度が高いと判断したのに対し、営業員Cは受注確度が低いと判断するように人によって判断基準が異なり結果が変わる状況が発生することがある。これは、「顧客Aの反応が良かった」等の商談時の雰囲気から推察した個人の主観でしかない。このように個人の主観を交えてしまうと、確実に評価に相違が発生してしまうのである。そのため、より客観的かつ明確な指標を細かく設定することが重要になる。意思決定者に提案し見積もりの提出を行った場合は受注確度を中とし、見積もりの承認を得て具体的な納期の話が出た場合は受注確度が高いとする、といった具合である。

　②に関しては、モニタリングをするためにモニタリングの集計業務に追われてしまい、改善に向けた方針を検討する時間を割けないという、本末転倒な結末に陥らないようにするためである。これもよく見る悪い例であるが、非常に細かく設定されたモニタリング項目に対して、漏れなく大量の数字がきれいに

記載されている大量のExcelが会議資料として提示される。しかしながら、それは数字の羅列でしかなく、そのExcelを基に何も議論ができず、無駄な会議に終わってしまうということがある。モニタリングの目的は、目標と営業活動の"成果のギャップ"を適切に把握し、問題がある場合はその改善に向けた方針を検討することにあることを、忘れないようにしていただきたい。

　③に関しては、モニタリング結果から目標に対して現状どのくらいのギャップがあるのかを関連当事者が共有し、現状に対する共通認識を持ち、必要であれば改善を進めていく必要があるためである。経営層は全体の数字のみを把握し、現場レベルでは個人の数字のみを把握しているという状況は頻繁に発生している。断片的な情報だけを把握したとしても、本質的な問題点がわからなくなり、適切な改善ができなくなってしまう可能性があるのである。

・KPI以外の管理

　KPIは最終的な成果をモニタリングするために使用されるが、KPIだけの管理では、取り組みはうまくいかない可能性が高い。KPI以外に、効率的に売上を向上させるために、全体の案件管理と営業員の行動管理の二つを実施することを推奨している。

案件管理

　案件管理では、現在動いているすべての案件を横並びで比較できるようにするためのものである。どの案件が、現時点で営業プロセス上のどの位置にあるのか、いつまでに何件が受注する見込みか等、営業部またはチームとしての運営を支援するための管理である。

　このような管理を、週次で行っている企業も多いのではないだろうか。この案件管理をするにあたっても、注意すべき事項はモニタリングと類似することが多い。受注時期や受注金額等、個人の感覚を排除した管理をする必要があるし、管理をするための資料を作成するために多くの工数を割いてしまっては本末転倒である。

行動管理

　行動管理では、個々人が業務見直しや時間の使い方を含めた振り返りをするために、日報や営業行動記録などを作成し、一日の中で営業個人の目標に対し

て必要な行動ができているかを把握するための管理である。

　営業員にセルフマネジメントをする力が備わっていない場合には、週1の打ち合わせや月次の打ち合わせ等を1on1で設定することによって客観的に振り返る機会を設けてあげたほうが良いだろう。特に若手の営業員であると、日々、自分の業務をこなすことにいっぱいになり、自分の状況を客観視して振り返ることは難しいため、若手のほうが1on1の効果は高い。よくある行動管理の悪い例として、日報を送っても、誰も見ていないと気付き、指示が出ているから日報を作成しているという感覚に陥ってしまうのである。このような状況に陥ってしまうと、双方にとって何も良い結果を生まないだろう。

・取り組みの改善

　取り組みを推進し、継続的なモニタリングを通じて、何かしらの課題に直面する時が必ず来るだろう。

　最初から完璧な計画を立案し、何一つ問題もなく取り組みを終えることは現実的ではないため、課題に直面すること自体には何も問題はない。ただ、その課題によってどのような事象が引き起こされていて、根本的な解決を図るためには何が必要なのかを把握し、適切な策を講じることが重要である。例えば、想定よりも受注率が悪いという結果が出たとしよう。前提となる数字目標が現実的でない、営業工数を割く余力がない、営業のスキルが足りない、営業ツールの質が低い等、事象だけを見たら、考えられる課題は多岐にわたるだろう。このように多岐にわたる課題の中から、根本的な課題を見抜けるかどうかで取り組みの成否が変わってくるといっても過言ではない。根本的な課題を見抜くために、関連当事者全員で議論するのもよいだろう。これに関しては、それほどまでに時間を割く価値があると思う。

　適切な改善サイクルを運用し、取り組みによって期待する成果、または期待以上の成果が創出されることを心より願ってやまない。

スケジュールやタイミング、締切、段取りも大切です。

W・D・Fの3つの視点の中でも、ビジネス慣習などの既定要素が多いのがFuture（F）の特徴です。ここでも既定要素を踏まえた上で、そこからいかに細かく設定していくのか、がポイントとなります。

引き続き「クライアントに商品遅延の件で連絡する」場面を例に考えましょう。まずは連絡するタイミングを考えます。さすがにトラブルの発生から3日間も放置するわけにはいきません。基本的には気付いたその日に対応すべきでしょうし、遅くとも翌日までには対応する必要があるでしょう。遅い時間に気付いたとしても、ショートメールやLINEの連絡先を知っている関係性であれば、それらの連絡手段で一報を入れておくべきです。

すぐに謝罪をした上で、数日後や1 〜 2週間後に、今後の対策等を改めて報告するというスケジューリングもあるでしょう。特に時間によって損害額が変わるような場合には、逐次報告が必要です。

Futureを考える2つのコツ

柔軟かつスマートにF（時間）を考えるコツは、主に2つあります。

一つめは、F（時間）とW（広さ）は連動するということを理解した上で、その優先順位を意識することです。

例えばクライアント企業の代表に対面で謝罪するという選択肢を選ぶ場合、タイミングはおのずと決まるでしょう。逆にプロジェクトの締切が動かせないものであれば、その日を基準に担当者や行動などの選択肢が限られていくでしょう。前者はW（広さ）が優先されるケース、後者はF（時間）が優先されるケースです。

特にF（時間）が優先されるケースは、少々高度な視点（複数の視点）が必要になります。ひと言でF（時間）と言っても、含まれる要素は多様です。例えば納期や決算、支払期日、契約期間といった短い時間軸だけでなく、時間の動きにつれて人の気持ちや社会情勢、為替変動のリスクまで配慮する必要があります。また、信頼関係やブランド構築のための期間などの長期的な時間軸も、F（時間）を規定する要素となり得ます。

このように、F（時間）を中心に計画や行動を決める必要がある場合には、

結果としてW（広さ）の選択肢が残らないこともあります。

　二つめは、F（時間）の柔軟性を正確に捉えることです。一見動かせないと思われるF（時間）も、交渉によって動かせることがあります。逆に柔軟に動かせると思っていたら、自分が把握していないだけで、大事な期日が設定されていることもあります。F（時間）を単なる進行管理と考えず、W（広さ）と連動して業務のクオリティ全体に影響する要素だと理解することが大切です。言うまでもなく、行動と結果を予測しながら実行していくべき対象です。

　例えば「契約日」。一度決めたら動かせない日付に思われますが、実際に捺印する日を指すのか、契約書の署名欄に記載する日付を指すのか、契約によって定められた当該業務開始日を指すのか、先方と自分の解釈が合致していなければ非常に曖昧なものとなります。言い換えると、交渉の余地があるということです。

　体系的な交渉術の紹介は拙著『体温の伝わる交渉術』（2014年　ウィズワークス）に任せますが、初歩的なテクニックを一つ挙げるならば「先方にとってそのスケジュールがどのくらい重要か」を把握することです。

　例えば決算時期との兼ね合いや新サービスのリリース時期など物理的な制約がある情報を収集し、可能であればそのスケジュールの重要性を金額換算できるレベルで把握できると良いでしょう。それにより、先方にとってそのスケジュールが絶対に動かせないものなのか、スケジュールより重要視している要素があるのかどうかが見えてきます。前者の場合はスケジュールを確約することで他の条件を有利にすることができるかもしれません。後者の場合は交換条件を示すことでスケジュールを動かせるかもしれません。

　他には、スケジュール全体の中で、動かせないスケジュールと動かせるスケジュールを見極めることも必要です。

　また、自分が把握していないだけで、実は重要な期日が設定されているといったケースにも注意しましょう。例えば企業ごとの支払サイトを把握していないと、請求書の到着が1日ずれたことによって入金が1カ月ずれ込むケースもあります。社内決裁なども、自社のスピード感だけを基準に考えないように、注意が必要です。

以上、W・D・Fのフレームワークをお伝えしてきました。

　このフレームの良いところは、一般的に重視されがちなD（深さ）だけでなく、W（広さ）やF（時間）の視点で業務の可能性を広げられる点です。

　実際に、D（深さ）は良いのにW（広さ）やF（時間）に意識が及んでおらず、もったいないな、と思うビジネスパーソンをよく見かけます。

　とはいえ、このフレームワークを自分のものにするには慣れも重要です。すべての業務でここまで考え過ぎると膨大な時間を割いてしまうことになりかねないため、まずはここぞという重要な業務に取り入れてみてはいかがでしょうか。

おわりに

　これまで成果報酬型のセールスマネジメントのコンサルティングサービスを提供する中で、本当に数多くの企業の実態を見てきました。

　業界・業種もさまざまであり、売上高も数十億円〜数兆円と企業規模も様々でしたが、何もかもが異なる企業であっても、「短期で埋めることができる現状と現実的に目指せる姿」とのギャップが発生してしまっていることは共通の課題となっていました。

　ところが、こうしたギャップが発生していることに気づいていない企業も少なくはありませんでした。その一方で、このようなギャップに気づいていながらも、これを埋めることに注力していない企業もありました。

　近年では、多くの企業がデータ活用やAI等に代表されるDX（デジタルトランスフォーメーション）の推進、M&Aによる事業の多角化等、これまでの事業運営の手法、枠組みや領域に囚われず、自社を成長させることに目を向けています。

　しかしながら、DXやM&Aの知見や対応できる人材が不足している中で、このような取組が思うように進まず、取組そのものを断念してしまった企業もあるのではないでしょうか。その結果、新たな成長機会をどのように模索したらよいか分からず、困窮している企業も多いのではないかと感じています。

　企業が成長のために新しい取組に挑戦することを否定をするつもりは一切ありませんが、企業が厳しい経営環境の中で、今あるリソースを最大限活かして、これまで以上の成長を成し遂げることこそ最重要課題であると考えます。

　「自社が取りこぼしている収益の機会を可視化し、その機会を確実に刈り取る」

　文字にすると非常にシンプルではあるが、多くの企業が実現できていないこの分野であると考えています。

　本書を通じて、具体的な行動に移し、更なる成長を遂げた上で、新たな領域に取組んでいく企業が一つでも多く生まれてくる。そんな日がやってくることを祈念しつつ、筆をおきたいと思います。

　最後に、この本の出版のために尽力いただいた方々に心から感謝を申し上げます。本書の出版に向けてさまざまなご協力をいただいたプロレド・パートナーズ伊藤歌純さん、そしてダイヤモンド・ビジネス企画の岡田さま、川地さまには特に深いお礼を申し上げたいと思います。

執筆責任者　佐谷　進　中島尚幸

【執筆者紹介】

佐谷 進

東京芸術大学美術学部卒業後、ジェミニ・コンサルティング（現ストラテジー＆）にて、大手プラント工業のリエンジニアリング、大手都銀の営業戦略の策定、経済産業省依頼のリサーチなどの経営コンサルティングを経験。
その後、REITの運用会社にて、住宅、オフィス、商業ホテル、倉庫物件などの取得・運用業務に従事。
2009年12月ブロレド・パートナーズを創業。

中島 尚幸

国内外のコンサルティングファーム複数社にて、戦略の立案・実行、オペレーション改善、システム構想策定・開発・運用、法規制対応等、一連のサービスラインを経験。
業界においても、官公庁、金融機関、通信・ハイテク、製造メーカー、メディア等のさまざまなクライアントに対してコンサルティングサービスを提供。
ブロレド・パートナーズに参画後は、成果報酬型のセールスマネジメントの立上げ・拡大のためセールス〜デリバリーを主導。
保有資格：CISA (Certified Information Systems Auditor)、AMBCI (Associate Member of Business Continuity Institute)

原田 寛子

大手小売企業にて店舗運営および仕入れ調達マネジメントを経験。
小売系ベンチャーにて複数店舗の立ち上げに携わり、ブランドマネジャーとして事業拡大を牽引。
その後、化粧品ベンチャー企業を創業し、EC事業・営業戦略・実行に携わる。
ブロレド・パートナーズに参画後、製造メーカー・小売・ファンド等の様々な案件に対してセールス・コストの両輪から収益改善を行う。

嶺 隆由紀

大学在学中、IT系ベンチャー企業にてコンテンツ管理・KPI分析等を経験。
卒業後、国内総合コンサルティングファームに入社。大手企業を対象に事業戦略策定・新規事業立案、AI/IoT活用ロードマップ策定、次世代マーケティング組織構築等に従事。
その後ブロレド・パートナーズに参画し、建設材・IT商材などを中心に、アライアンスパートナーの開拓をはじめとした法人営業戦略・実行を推進。

佐谷 進
本書では第1章、コラムの執筆を担当。

中島 尚幸
本書では第2章、第3章の執筆を担当。

原田 寛子
本書では第4章の法人営業マネジメントの執筆を担当。

嶺 隆由紀
本書では第4章のターゲティングの執筆を担当。

【著者】

株式会社プロレド・パートナーズ

「コストマネジメント」「セールスマネジメント」に強みを持つ、国内初の成果報酬型の経営コンサルティングファーム。経営コンサルティングのほとんどを完全成果報酬で提供している。グループ会社にてPEファンドを運用しており、投資先のPMIに多くの知見を有している。2020年東証一部上場。また、オウンドメディアである「think out」を運営中。
https://think-out.jp/

成果報酬型セールスマネジメント
短期的かつ確実に利益向上を実現する経営手法

2021 年 1 月 12 日　第 1 刷発行

著者 ———————	株式会社プロレド・パートナーズ
発行 ———————	ダイヤモンド・ビジネス企画
	〒104-0028
	東京都中央区八重洲2-7-7 八重洲旭ビル2階
	http://www.diamond-biz.co.jp/
	電話 03-5205-7076（代表）
発売 ———————	ダイヤモンド社
	〒150-8409　東京都渋谷区神宮前6-12-17
	http://www.diamond.co.jp/
	電話 03-5778-7240（販売）
編集制作 ————	岡田晴彦
編集協力 ————	前田朋・安部直文
制作進行 ————	川地彩香
編集アシスタント ————	村田智子
装丁 ———————	上田英司（シルシ）
本文デザイン ————	齋藤恭弘
DTP ———————	ローヤル企画
印刷進行 ————	駒宮綾子
印刷・製本 ————	シナノパブリッシングプレス